*Alfred Hitchcock*

Alfred Hitchcock

# Die drei ???
# Verdeckte Fouls
erzählt von Ben Nevis

Kosmos

Umschlaggestaltung von Aiga Rasch, Leinfelden-Echterdingen

Die Geschichte ist frei erfunden. Jede Ähnlichkeit mit real existierenden Personen oder Institutionen ist rein zufällig.

**kosmos** Bücher · Videos · CDs
Kalender · Seminare

Zu den Themen: • Natur • Garten und Zimmerpflanzen • Astronomie
• Heimtiere • Pferde & Reiten
• Kinder- und Jugendbücher
• Eisenbahn/Nutzfahrzeuge

**Nähere Informationen sendet Ihnen gerne**
Kosmos · Postfach 10 60 11 · 70049 Stuttgart

Dieses Buch folgt den Regeln der neuen Rechtschreibung.

Die Deutsche Bibliothek – CIP-Einheitsaufnahme

**Nevis, Ben:**
Die drei ??? – Verdeckte Fouls / erzählt von Ben Nevis.
Alfred Hitchcock. – Stuttgart: Kosmos, 1998
    ISBN 3-440-07528-1

© 1998, Franckh-Kosmos Verlags-GmbH & Co., Stuttgart
Based on characters by Robert Arthur. This work published by arrangement with Random House, Inc.
Alle Rechte vorbehalten
ISBN 3-440-07528-1
Printed in Czech Republic / Imprimé en République tchèque
Satz: Steffen Hahn Satz & Repro GmbH, Kornwestheim
Herstellung: Těšínská Tiskárna, Český Těšín

# Die drei ???
# Verdeckte Fouls

| | |
|---|---|
| Traumball | 7 |
| Ein merkwürdiger Streich | 12 |
| Bob bleibt am Ball | 17 |
| Das Spiel beginnt | 22 |
| Der Dritte Detektiv bekommt weiche Knie | 26 |
| Verdeckte Fouls | 32 |
| Der verschwundene Bruder | 39 |
| Rote Karte für Bob | 45 |
| Kellys Entdeckung | 50 |
| Der geheime Code | 56 |
| Der Katzenmensch greift an | 61 |
| Nichts wie weg! | 65 |
| Franke packt aus | 71 |
| Der Besuch des Jaguars | 80 |
| Schmutzige Hände | 87 |
| Die Detektive gehen in die Offensive | 94 |
| Eine Begegnung im Dunkeln | 98 |
| Das Gesicht des Jaguars | 104 |
| Foules Spiel | 110 |
| Das Spiel ist aus | 116 |
| Go, Bob, go! | 124 |

# Traumball

Gebannt blickte Peter durch die Maschen des Zaunes. Es war ein kalifornisch-warmer Februartag. Die Sonne schien auf den grünen Rasen des Fußballfeldes jenseits der Absperrung. Ganz allein übte dort ein Spieler. Fasziniert beobachtete Peter die Szene. Ein Traumplatz zum Trainieren, diese Anlage des neuen Sporthotels. Peter ließ den Blick schweifen. An das Fußballfeld schlossen sich Tennisplätze und Basketballfelder an. Vereinzelt waren in die hügelige Landschaft Baumgruppen gestreut. Nicht weit vom Hotelgebäude lockte einladend das blaue Wasser eines Swimmingpools. Himmlisch! Für einen begeisterten Sportler wie Peter ein kleines Paradies.
Plötzlich nahm Peter eine kleine Bewegung wahr. Auf der gegenüberliegenden Seite des Fußballplatzes lag ein flaches Gebäude, das zum Umkleiden und Duschen der Spieler diente. Peter sah, wie sich eine der zwei Türen einen Spalt weit öffnete. Ein Kopf tauchte auf, schaute nach allen Seiten und verschwand dann wieder. Offenbar wollte da jemand prüfen, was draußen vor sich ging. Merkwürdig, dachte Peter, während die Tür langsam wieder zugezogen wurde. Dann war alles wieder ruhig. Nur der Spieler auf dem Rasen übte ungestört weiter.
Vielleicht hat der Mann nur jemanden gesucht, dachte Peter und schmunzelte. Als Detektiv sieht man manchmal wirklich Gespenster. Er wandte wieder seine volle Aufmerksamkeit dem Spieler zu. Natürlich hatte er ihn längst erkannt: Es war Julio DaElba, der brasilianische Star des deutschen Teams, das hier im warmen Kalifornien sein Wintertrainingslager aufgeschlagen hatte. Peter kannte fast alle Spielernamen dieser Mannschaft. Schließlich spielte er selbst begeistert Fußball und verfolgte regelmäßig im Kabelfernsehen das europäische Fußballgeschehen.

DaElba schien den Zuschauer nicht zu bemerken. Selbstversunken spielte er den Ball immer wieder in die Luft. Mit dem rechten Fuß, mit dem linken, mit dem Kopf; immer und immer wieder. Doch das schien DaElba alles zu langweilen. Mehr spielerisch bewegte er den Ball jetzt auch mit dem Rücken, der Brust, ja sogar den Schultern, den Fersen, den Knien. Den ganzen Körper setzte er ein, katzenhaft. Wie von selbst sprang der Ball, Peter konnte den Blick nicht abwenden.
Genauso leicht und unbeschwert wie DaElba mit dem Ball umgeht, so spielt auch die ganze Mannschaft, ging es Peter durch den Kopf. Traumwandlerisch schien der Club in dieser Saison durch die Liga zu spazieren. Seit Wochen schon mit einem sichtbaren Vorsprung auf Platz eins, und auch in den Europacupspielen noch ungeschlagen. Eine echte Überraschungsmannschaft, denn mit dieser Form hatte keiner der Experten gerechnet. Der 1. FC Borussia, einst eine graue Maus der Fußballliga, hatte sich in den letzten Monaten zu einer schillernden Attraktion gewandelt. Das lag nicht zuletzt an dem Trainer, der zwar als medienscheu galt, aber offenbar ein Klima des Erfolgs geschaffen hatte.
Ein Geräusch riss Peter aus seinem Gedankenfluss. Ein Auto kam die Auffahrt zum Hotelgelände hochgefahren und hielt an der Pforte, die etwa zweihundert Meter vor dem Hoteltrakt lag. Kameraaugen überwachten den Zufahrtsweg neben dem kleinen Gebäude, an dem ein Mann die Ankömmlinge nun eingehend kontrollierte. Sicherheit wurde hier offenbar groß geschrieben. Allerdings beherbergte das Sporthotel ja auch hoch bezahlte Gäste. Jetzt erst bemerkte Peter, dass entlang des Zauns weitere Kameras installiert waren. Wahrscheinlich tauchte auch er selbst gerade auf einem der dazugehörigen Monitore auf.
Peter wandte sich wieder der Szene an der Einlasskontrolle zu. Die Entfernung war zu groß, als dass er erkennen konnte, was für Leute im Auto saßen. Jetzt ging die Schranke hoch und der Wagen fuhr den kleinen Betonweg entlang zum über-

dachten Hoteleingang. Dann öffneten sich die Wagentüren. Peter traute seinen Augen kaum. Aus dem Auto stiegen sein Freund Bob und dessen Vater, der als Journalist bei der ›Los Angeles Post‹ arbeitete. Sie warteten kurz, dann schritt ein Mann in dunklem Jackett aus dem Hoteleingang auf die beiden zu und schüttelte ihnen die Hand.
Peter zischte durch die Zähne. Ausgerechnet Bob, der sich für Fußball hundertmal weniger interessierte als er selbst, durfte die großen Stars hautnah kennen lernen. Wahrscheinlich sollte sein Vater für die Zeitung einen Bericht über die Gäste aus Deutschland schreiben und er hatte Bob erlaubt mitzufahren. In ein Gespräch vertieft verschwanden die drei im Hotel.
Julio DaElba spielte seelenruhig weiter, vollkommen unbeeindruckt von der Ankunft der Gäste. Doch bei Peter war der Zauber des Zusehens gebrochen. Er blickte auf die Uhr. Es wurde langsam Zeit, sich auf den Rückweg zu machen. Heute Abend wollte er sich mit Justus und Bob, den beiden anderen Detektiven, auf dem Schrottplatz treffen. Und mit dem Fahrrad würde er eine Weile brauchen. Also schwang er sich auf sein Gefährt und machte sich auf den gut 15 Meilen langen Weg runter nach Rocky Beach. Etwas grimmig schaute er auf die wundervolle Gegend, die vor ihm lag. Jawohl, mit dem Fahrrad hatte er sich hier hochgequält, nur um aus der Ferne einen Blick auf die Fußballer erhaschen zu können. Und Bob fuhr einfach mit dem Auto vor. In diesem Moment saß sein Freund wahrscheinlich gerade beim Plausch mit Spielern wie Mats Sommer und Klinger, ohne dass er es überhaupt richtig zu schätzen wusste. Peter versuchte seine Eifersucht zu verdrängen, aber es gelang ihm kaum, die wirklich schöne Abfahrt nach Rocky Beach zu genießen.

Justus grüßte seinen Onkel Titus nur kurz von Weitem, legte dann aber einen Schritt zu und bog schnell nach rechts ab. Er hatte jetzt wirklich keine Lust, seinem Onkel zu helfen. Titus bemühte sich gerade, aus einem Autowrack, das mitten auf

dem Schrottplatz stand, die letzten Reste von verwertbarem Material herauszuholen. »Hi, Justus! Du kommst mir gerade recht!«, rief er hinüber und zerrte ein Autoradio aus dem Wrack. Ein ganzer Wust von Drähten folgte. »Ich wollte gleich die hintere Stoßstange abmontieren.«
»Och, Onkel Titus!«, erwiderte Justus. »Ich habe noch so viel zu tun. In ein paar Minuten kommen Bob und Peter. Wir wollen endlich mal wieder in unserer Zentrale aufräumen. Eigentlich sollten die beiden schon da sein.«
Als Einsatzzentrale der Detektive diente ein Wohnwagen, der auf dem Schrottplatz zwischen alten Blechen und Stangen vor sich hin rostete. In ihm hatten Justus, Bob und Peter im Laufe der Zeit allerlei technisches Gerät untergebracht. Über Weihnachten und Silvester hatten die drei Freunde ihr Hobby ziemlich schleifen lassen, und heute Abend wollten sie im Büro zusammen nach dem Rechten sehen: alte Akten aussortieren, für Getränkenachschub sorgen und sogar ein wenig sauber machen.
Onkel Titus war gnädig. »Na gut, Justus, wenn ihr aufräumen wollt, finde ich das in Ordnung.«
Tante Mathilda steckte den Kopf aus dem Küchenfenster. »Aber wirklich aufräumen«, rief sie Justus hinterher. »Nicht, dass ihr wieder nur herumsitzt und euch die Köpfe heißredet! So endet das doch immer.«
Justus stöhnte. Natürlich hatte seine Tante wieder jedes Wort mitbekommen. Und sie hatte im Grunde sogar Recht. Er drehte sich zu ihr um und hob zum Schwur die Hand. »Ich verspreche es.«
Dann schloss er den Wohnwagen auf und ließ sich in den Sessel fallen, der direkt neben dem Anrufbeantworter stand. Er drückte auf den Wiedergabeknopf. Bobs Stimme ließ sich vernehmen. »Hi, Justus, hi, Peter. Mein Vater will mich heute Nachmittag überraschend auf einen Zeitungstermin mitnehmen. Ich erzähl's euch heute Abend. Ich komme also etwas

später. Fangt ruhig schon mal ohne mich mit dem Aufräumen an. Tschüüs!«
Es knackste. Regungslos saß Justus im Sessel. Ein weiterer Anruf folgte. Peters Stimme. »Hi, Justus, hi, Bob. Ich habe heute gehört, dass eine berühmte deutsche Fußballmannschaft in der Nähe trainiert. Jetzt bin ich mit dem Fahrrad dorthin unterwegs und es ist weiter weg, als ich dachte. Tut mir Leid, ich werde wohl etwas später zu euch stoßen. Fangt mit dem Aufräumen schon mal an. Bis nachher!« Es knackste. Auf dem Band waren keine weiteren Nachrichten.
»Bob hat einen Termin und Peter denkt nur an Fußball«, stöhnte Justus. »Faule Bande. Ich soll wohl alleine rumrödeln. Freunde, da könnt ihr lange warten.« Grummelnd stand er auf und verließ den Wohnwagen. »Onkel Titus«, rief er über den Platz, »warte, ich helfe dir ein bisschen.«

# Ein merkwürdiger Streich

Mit vom Wind zerzaustem Haar erreichte Peter das Tor zum Schrottplatz. Er schwang sich gerade vom Fahrrad als Mr Andrews' Wagen um die Ecke bog, langsam ausrollte und ebenfalls vor dem Eingangstor stehen blieb. Bob stieg aus und lief zu Peter. »Hi, Peter. Was macht Justus denn da?«
Peter grüßte kurz und blickte hinüber. Justus war gerade dabei, mit Onkel Titus eine Autositzbank über den Platz zu tragen. Dass sich Justus so auf dem Schrottplatz engagierte, hatten Peter und Bob in letzter Zeit selten erlebt.
Justus wandte ihnen kurz den Kopf zu. »Wenn ihr zwei Schlafmützen glaubt, dass ihr euren Ersten Detektiv alleine zum Aufräumen des Büros abstellen könnt, dann habt ihr euch getäuscht«, rief er über den Platz. »Staub wischen, putzen, aufräumen! Geht einfach schon mal vor und fangt an. Ich komme dann später nach.«
Bob stieß Peter mit dem Ellenbogen an und grinste. »Unser Boss ist sauer, weil wir zu spät sind, wie?«
»Lass das«, blaffte Peter zurück. »Du lässt dich hier schick herumkutschieren, während ich mir auf dem Fahrrad einen abstrample.«
Bob wich einen Schritt zurück. »Meine Güte, auch bei dir dicke Luft? Was kann ich denn dafür, wenn du dauernd durch die Gegend radelst? Ich dachte, das ist deine Lieblingsbeschäftigung.« Er zuckte mit den Schultern und ging zum Wohnwagen. Peter folgte ihm. Wenig später kam auch Justus, der sich offenbar bereits abreagiert hatte.
»Unsere Zentrale hat es wirklich nötig«, sagte Bob und fegte mit der Hand über den Computer, auf dem sich eine dicke Staubschicht angesammelt hatte. Locker schwang er sich in einen der Sessel und strahlte Justus und Peter an. Er war sichtlich in Hochstimmung.

»Also fang an, da hinten liegt das Staubtuch«, sagte Justus.
»Wollt ihr denn nicht vorher wissen, wo ich heute war?«, fragte Bob und schaute seine beiden Freunde herausfordernd an.
Peter war klar, dass Bob jetzt die große Nummer einleiten wollte, allein schon, um ihn zu ärgern: Bob auf Du und Du mit Klinger und Sommer, den großen Fußballstars, und er, Peter, sollte vor Eifersucht platzen. Da wollte er Bob ruhig noch ein bisschen zappeln lassen. »Ist doch egal, wo du warst«, sagte er zu Bob. »Die Sauberkeit des Büros ist im Moment wichtiger.«
Justus begriff sofort, dass sich da ein kleines Spiel zwischen Bob und Peter entwickelte und drückte Bob mit einem erwartungsvollen Lächeln ein Staubtuch in die Hand. Dieser nahm es zwar entgegen, rührte sich jedoch nicht vom Platz.
»Klinger . . .«, begann Bob und grinste Peter an. Ein Bein hatte er lässig über die Armlehne geschwungen.
»Um Fußball kümmere ich mich morgen wieder«, entgegnete Peter und rieb äußerst konzentriert den Anrufbeantworter ab. Schon längst war kein Staubkorn mehr auf ihm zu entdecken. »Jetzt wird Staub gewischt!«
»Mats Sommer . . .«, lockte Bob noch einmal.
Peter reagierte nicht und putzte kräftig weiter. Justus musste grinsen. Da haben ja selbst Killerbakterien keine Überlebenschance, stellte er für sich fest. Er wandte sich an Bob. »Los, komm in die Gänge. Deine Hand schläft ja gleich ein.«
»1. FC Borussia . . .«, sang Bob jetzt und wiegte den Kopf.
Peter baute sich vor ihm auf. »Bob, würdest du bitte die Freundlichkeit haben, dich von dem Sessel zu erheben. Ich würde ihn gerne abstauben.«
»Ich glaube, Bob ist dort festgewachsen«, feixte Justus. »Du musst ihn wohl oder übel mit abstauben.«
Peter wedelte mit dem Lappen vor Bobs Gesicht herum. Bob nieste laut. »Mensch, Peter, lass das!« Dann platzte er heraus. »Stellt euch vor, ich war heute bei 1. FC Borussia aus

Deutschland! Die sind hier und ich habe mit Klinger und Sommer gesprochen. Ich persönlich! Sind übrigens echt nette Typen!«

»Na, dann wissen wir ja Bescheid«, erwiderte Peter, ohne eine Miene zu verziehen. »Könntest du uns jetzt bitte endlich helfen?«

Bob sah ihn überrascht an. Keine Nachfragen?

»Bob, das ist doch alles nichts Neues für Peter«, mischte sich Justus ein.

Jetzt war es an Peter, seinen Freund erstaunt anzublicken. »Woher weißt du das denn?«

»Kombiniert«, sagte Justus. »Peter, du hast mir doch auf dem Anrufbeantworter mitgeteilt, dass du mit dem Fahrrad dorthin unterwegs bist. Bob hinterließ die Nachricht, dass er mit seinem Vater zu einem Termin fährt. Und aus eurem Verhalten eben, Peter und Bob, ging glasklar hervor, dass du, Peter, ihn dort gesehen hast und Bob dich nicht. Du wolltest ihm seinen Triumph nicht gönnen. Sonst hättest du doch darauf gebrannt, etwas vom 1. FC Borussia zu hören.«

»Unser Erster Detektiv«, sagte Peter und grinste Bob an, »wie er leibt und lebt. Genauso war es. Ich stand hinter dem Zaun und habe deinen Vater und dich ankommen gesehen.«

Damit war das Eis gebrochen. Während die drei Freunde den Wohnwagen aufräumten, berichtete Bob ausführlich von dem Besuch im Sporthotel. »Der 1. FC Borussia hält hier sein Wintertrainingslager ab. Zehn Tage werden sie in Kalifornien bleiben. Mein Vater soll einen kleinen Bericht schreiben, für die L.A. Post«, erzählte Bob. »Er hat von Fußball keine Ahnung und hat mich spontan mitgenommen.«

»Als ob du Ahnung hättest«, brummelte Peter und fragte dann: »Wo erscheint denn der Bericht?«

»Leider nur auf Seite drei im Lokalteil«, antwortete Bob.

»Fußball interessiert hier in Amerika ja auch kaum jemanden. Es ist einfach nicht so populär«, unterbrach ihn Justus. »Vom

1. FC Borussia haben die meisten hier noch nie was gehört. Wenn wir Peter nicht hätten und unsere fußballbegeisterten Freundinnen, dann würde ich noch nicht einmal die Spielregeln kennen.«
»In Europa ist die Mannschaft zurzeit aber top«, entgegnete Peter. »Sie führen als Herbstmeister die Tabelle mit 37 Punkten an.«
»Und mit 51 geschossenen Toren«, ergänzte Justus. Den Ersten Detektiv interessierte Fußball zwar nicht sonderlich, aber alles, was mit Zahlen und Fakten zu tun hatte, speicherte er unwillkürlich in seinem Gehirn ab.
»Außerdem spielen sie nicht nur erfolgreich, sondern auch besonders schön. Das wird auch unsere Freundinnen interessieren«, sagte Peter. »Obwohl Kelly eher eine Anhängerin von Mailand ist.«
»Und Lys steht zurzeit auf Barcelona«, ergänzte Justus.
Nun war es an Bob, seine Freundin ebenfalls ins Spiel zu bringen. »Dafür kennt sich Elizabeth bestens beim Frauenfußball aus. Und der ist in Amerika viel populärer als in Europa.«
Doch Peter wollte jetzt noch mehr über das Trainingslager erfahren. »Nun erzähl mal von eurem Besuch«, bohrte er.
Darauf hatte Bob gewartet. »Zuerst hat uns Mr Toll, ein Mitarbeiter des Hotels, empfangen.«
»Der mit dem dunklen Jackett«, unterbrach ihn Peter. »Schwarze kurze Haare, vielleicht so Mitte dreißig.«
»Ja genau, er sagte, er sei vom Hotelmarketing. Er fragte uns ein wenig über unsere Absichten aus und führte uns dann in einen Presseraum, wo wir Sommer und Jürg Klinger trafen. Später kam auch noch der Trainer dazu, Jochen Franke.«
»Und über was habt ihr geredet? Über diese geniale Dreierkette?«
»Dreierwas?« Bob sah Peter stirnrunzelnd an. Ihm sagte dieser Begriff nichts. »Nein, wir haben hauptsächlich darüber

gesprochen, warum solche Stars ausgerechnet in Kalifornien ihr Quartier aufschlagen.«
»Weil sie Kalifornien lieben«, sagte Justus. »Zum Beispiel wegen des milden Wetters.«
»Ja, natürlich auch wegen des Wetters. Aber vor allem, weil sie sich hier freier bewegen können. In Deutschland, sogar in ganz Europa können sie nicht auf die Straße treten, ohne angesprochen zu werden. Das ist hier anders, wo sie kaum einer kennt. Und dann spielt auch noch eine Rolle, dass die besondere Harmonie in ihrer Mannschaft ganz entscheidend zu ihrem Erfolg beiträgt. Das ist ihre Stärke, der Teamgeist, trotz einiger gefeierter Stars. Diese Stärke wollen sie auf jeden Fall in die Rückrunde hinüberretten. Und dafür gibt es hier wohl die besten Voraussetzungen, meinte der Trainer.«
Peter stimmte zu. »Es wäre ihnen wirklich zu gönnen, dass sie Meister werden. Allein schon, weil der Club nicht bei jeder kleinen Krise den Trainer gefeuert hat, sondern immer zu ihm stand. Immerhin hat Franke dieses harmonische Team geformt und er hat ihnen den modernen Fußball beigebracht. Und das alles ohne das ganz große Geld. Viele Konkurrenten lauern natürlich auf ihren Absturz.«
»Aber mit der Harmonie ist das so eine Sache«, meinte Bob.
Peter blickte ihn fragend an.
»Kurz bevor wir zurückgefahren sind, gab es einige Aufregung. Einem Spieler ist das Trikot zerschnitten worden. Er kam ganz erzürnt mit den Fetzen in der Hand in den Raum gestürzt und wollte sofort den Trainer sprechen. Wir mussten dann leider gehen.«
»In der Tat ein merkwürdiger Streich in einem angeblich so harmonischen Team«, murmelte Justus. »Weißt du, wer es war?«
»Keine Ahnung, wie er heißt. Aber warte, die aufgedruckte Nummer am Ärmel war noch lesbar. Es war die Elf.«
»Julio DaElba«, sagten Peter und Justus wie aus einem Mund.

# Bob bleibt am Ball

Justus' Interesse war erwacht. »Wo hat DaElba das Trikot gefunden?«, wollte er wissen.
»Beim Öffnen seines Waschspinds sind ihm die Fetzen entgegengefallen«, antwortete Bob. »Zum Glück hat DaElba das auf Englisch berichtet, sonst hätte ich kaum ein Wort verstanden. Aber vielleicht kann er ja auch kein Deutsch.«
»Oder er war zu aufgeregt dazu«, meinte Justus. »Viel Deutsch wird er aber auch noch nicht sprechen, er spielt schließlich erst seit einem Jahr dort.«
Peter schaute Justus überrascht an. Dafür, dass sich der Erste Detektiv nicht für Fußball interessierte, wusste er ziemlich gut Bescheid. Dass er vorhin die Zahl der von Borussia erzielten Tore kannte, war bei Justus ja noch nicht so erstaunlich. Das lag an seinem Faible für Statistiken, die sich ihm sofort einprägten. Aber dass er nun auch noch den Namen und die Nummer von DaElba kannte und jetzt sogar beiläufig bemerkte, wie lange dieser schon in Deutschland spielte, das hätte Peter selbst Justus' Superhirn nicht zugetraut.
Justus, der Peters verblüfften Gesichtsausdruck richtig deutete, fügte erläuternd hinzu: »Lys findet DaElba so süß. Seitdem sie ihn mir mal im Fernsehen gezeigt hat, habe ich ein Auge auf ihn geworfen.«
Peter schmunzelte. Bob hing derweil ungestört seinen Gedanken nach. »Vielleicht nicht, aber vielleicht auch doch«, murmelte er vor sich hin.
»Bob, du sprichst in Rätseln«, sagte Justus.
»Vielleicht haben wir den Trikot-Zipfel eines neuen Falls in der Hand«, erwiderte Bob.
»Das könnte ich mir auch vorstellen«, meinte Peter und erinnerte sich an die kleine, unscheinbare Szene bei dem Mannschaftsgebäude, der er zunächst keine besondere Bedeutung

beigemessen hatte. »Da drückte sich einer in den Umkleideräumen herum, der nicht entdeckt werden wollte. Vielleicht war es der Trainer Franke, aber die Entfernung war zu groß, um das mit Sicherheit sagen zu können.«
Justus wollte gerade etwas einwerfen, da ging die Tür des Wohnwagens auf. Die drei ??? wandten sich um. Tante Mathilda erschien mit einem Tablett in den Händen. »Hab ich es doch gewusst«, rief sie triumphierend. »Nichts mit Aufräumen. Sie sitzen herum und reden sich die Köpfe heiß. Haben die drei Herren schon wieder ein neues Rätsel? Und haben die Herren zwischendrin noch Zeit für ein paar Sandwiches und etwas Saft?«
»Vielleicht ein neues Rätsel, viel eher aber nur ein dummer Streich«, sagte Justus. »Also haben wir im Moment reichlich Zeit für deine wirklich hervorragenden Sandwiches. Was wären wir bloß ohne dich?«
»Viel selbstständiger, zumindest was das Kochen angeht«, antwortete Tante Mathilda mit einem Lächeln und stellte das Tablett ab. Die Freunde langten begeistert zu.
Dann legte Tante Mathilda ihre Stirn in Falten. »Übrigens, falls ihr sie sucht: Eure Staubtücher liegen auf dem Boden . . .« Damit hatte sie die Zentrale der Detektive auch schon wieder verlassen. Die drei Freunde grinsten sich an. Peter griff sich ein Saftglas und berichtete, wie fasziniert er DaElba beim Spielen zugesehen hatte. »Ein traumhafter Techniker, dieser DaElba. Aber auch die anderen sind nicht schlecht. Ich würde die ganze Mannschaft ja zu gerne mal live spielen sehen.«
»Vielleicht kannst du das bald aus allernächster Nähe«, sagte Bob kauend.
»Wie meinst du das?« Peter sah ihn neugierig an.
»Nun, wir plauderten mit dem Trainer auch über Teams, mit denen man Übungsspiele abhalten könnte. Tja, da habe ich an sehr geeigneter Stelle mal den Namen deines Fußballteams fallen lassen . . .«

»Mensch, Bob!« Peter strahlte. »Ich fasse es nicht! Du bist ja doch ein ... wahrlich großartiger Freund!«
»Die große Versöhnung«, murmelte Justus. »Ende gut, alles gut.«
Die drei ??? beschlossen, die deutsche Fußballmannschaft weiter zu beobachten. Justus wandte sich an Bob. »Glaubst du, dein Vater würde dir die Berichterstattung über den 1. FC Borussia ganz überlassen? Dann könnten wir die Vorgänge dort weiter beobachten.«
»Gute Idee! Er macht sich nicht viel aus Fußball und schreibt mir bestimmt eine Bestätigung der Redaktion. Er wird sich zwar etwas wundern, dass ich mich plötzlich so für Fußball interessiere, aber irgendwann fängt ja jeder mal an ...«
»Außer mir«, entgegnete Justus. »Ich bleibe abstinent.«
»Und ich?«, fragte Peter enttäuscht. »Hast du für mich nicht auch eine Aufgabe? Schließlich bin ich hier der einzige richtige Fan!«
»Für dich gibt's zurzeit nichts zu tun«, antwortete Justus und grinste. »Außerdem verliert man als Fan sowieso zu schnell die für einen Detektiv notwendige Distanz. Aber im Ernst, Peter, am besten trainierst du für das Testspiel gegen Borussia. Du weißt, die sind enorm stark ...«
»Morgen früh haben wir ein Ferien-Training«, meinte Peter schon wieder etwas versöhnt. »Glaub mir, ich bin topmotiviert.«
Ein freiwilliges Training in den Ferien, und das kam nicht von ungefähr. In den letzten Monaten hatte sich Peters High-School-Team zu einer gut eingespielten Truppe gemausert. Ihr Ruf ging weit über die Grenzen von Rocky Beach hinaus, so dass sie immer wieder zu kleineren Vorbereitungsturnieren auf die neue Saison eingeladen wurden. Bei einem dieser Treffen hatten sie sogar eine Mannschaft der vor einiger Zeit neu gegründeten US-Profiliga geschlagen.
Gerne hätte Peter die schönsten Szenen des Spiels noch ein-

mal erzählt, aber inzwischen war es spät geworden – zu spät zum Aufräumen und Staubwischen und erst recht zu spät zum Schwelgen in Erinnerungen. Die Freunde verabredeten sich für den nächsten Tag.

Bob erwischte seinen Vater beim Frühstück. Er brauchte ihn nicht lange zu überreden.
»Okay, die Berichterstattung über den Fußballverein kannst du gerne übernehmen«, sagte Mr Andrews und blätterte die Zeitung um. »Ich schreibe dir eine Mitarbeiterbestätigung. Vielleicht kommen die Spieler ja mal runter nach Rocky Beach, das könnte die Leser interessieren. Oder sie spielen gegen ein Team aus dieser Gegend. Ansonsten wird über den 1. FC Borussia in der L.A. Post leider kein Artikel mehr erscheinen. Fußball ist in den USA nun mal nicht so populär.« Wieder blätterte er die Zeitung um. »Schau, da ist mein Bericht«, sagte er und hielt Bob die Zeitung hin.
›Deutsche Soccerstars suchen Sonne und Ruhe‹, lautete die Überschrift. Bobs Blick fiel auf das Foto, das neben dem Artikel abgebildet war. Es zeigte DaElba, der auf dem Rasen vor dem Hotel mit dem Ball zauberte. Im Hintergrund des Bildes lief ein Mann in Richtung Duschgebäude. Er war nicht genau zu erkennen, trug jedoch eine Jacke, die Bob wieder zu erkennen glaubte: Es war die schwarze Lederjacke Frankes. Peter hatte also vermutlich richtig beobachtet. ›Soccerstar DaElba – wer den goldenen Fuß hat, verdient in Europa Millionen‹, lautete die Bildunterschrift.
»Wann ist das Foto denn aufgenommen worden?«, erkundigte sich Bob. »Wir hatten doch gar keine Kamera dabei.«
»Ich habe einen Fotografen vorbeigeschickt«, meinte sein Vater beiläufig. »Ich glaube, er war kurz vor uns da.«
»Kann ich den Artikel behalten?«
»Na klar. Schön, dass du dich endlich mal für meine Berichte interessierst!«

Bob riss sich die entsprechende Seite heraus und reichte den Rest der Zeitung seinem Vater zurück.

Das Telefon klingelte. Bob sprang auf und nahm den Hörer ab. »Bob, ich umarme dich eintausend Mal«, brüllte es ihm durch den Hörer entgegen. Keine Frage, das war Peter. »Morgen haben wir bereits ein Spiel gegen den 1. FC Borussia! Die Trainer haben es gestern Abend vereinbart.«

»Wow«, sagte Bob. »Und ich mache den Spielbericht. Dass du mir also ja gut spielst!«

# Das Spiel beginnt

Das Wetter war wieder vom Feinsten. Peters Mannschaft, die inzwischen den Beinamen Rockys Beachboys verpasst bekommen hatte, durfte sich in der Kabine umkleiden, die direkt neben der des 1. FC lag. Es war das Gebäude, das Peter vom Zaun aus gesehen hatte. Das Haus hatte zwei Eingänge, Borussia bezog die rechte Hälfte, die Beachboys die linke.
Drinnen führte Mr Fellow das Wort. Seines Zeichens Sportlehrer und sozusagen der Erfolgstrainer der Beachboys. Er hatte die Jungs aus Rocky Beach um sich versammelt, um einzelnen Spielern Anweisungen zu geben. Peter sollte direkt hinter den zwei Stürmern spielen und sie mit Bällen versorgen, oder, falls Lücken entstanden, in diese hineinstoßen. »Schieß ruhig aus der zweiten Reihe«, sagte Fellow. »Der Kuhn ist zwar ein guter Torwart, aber irgendwann lässt auch er mal ein Ding durch. Und vergiss nicht, bereits vorne den Gegenspielern den Ball abzujagen. Die Abwehr beginnt im Angriff! Wie in Europa. Zu einfach wollen wir es denen nicht machen.«
Mr Fellow wandte sich wieder an alle: »Denkt dran, die glauben doch insgeheim, wir Amerikaner könnten einen Fußball nicht von einer Coladose unterscheiden. Zeigt ihnen, dass auch wir wissen, dass der Ball rund ist!«
Doch allen war klar, dass das Spiel gegen diesen überlegenen Gegner in erster Linie einfach nur Spaß machen sollte. So hatten die Trainer auch vereinbart, keine zu harte Gangart einzulegen, um Verletzungen zu vermeiden.
»Also, packt's an, Jungs«, rief Mr Fellow. »Und verkauft euch gut. Versammelt euch zum Rausgehen!«

»Auf dem Rasen tut sich ja immer noch nichts!« Kelly stieß Bob in die Seite. »Bob, weißt du nicht einen Ferienjob für mich? Die Kohle wird langsam knapp.«

Bestimmt die Klamotten, dachte Bob und musterte sie. Kelly trug einen schicken leichten Pulli mit italienischem Etikett. Bob zuckte mit den Schultern. »Tut mir wirklich Leid, ich kann auch keinen Job aus dem Ärmel schütteln.«
Auf Wunsch von Borussia hatten die Beachboys nur ihre engsten Freunde als Zuschauer mitgebracht. Justus und Lys hatten sich abgeseilt, da eine ehemalige Schauspielkollegin von Lys ein Kind bekommen hatte und sie sie im Krankenhaus besuchen wollten. Aber natürlich war Peters Freundin Kelly vor Ort und Bob war mit Elizabeth gekommen. Zusammen mit einigen Schulkameraden und einem deutschen Journalisten standen sie am Rand des Spielfeldes und beobachteten ungeduldig das Umkleidegebäude auf der gegenüberliegenden Seite des Platzes. Endlich wies Bob in Richtung Rasen. »Schau, Kelly, sie kommen.«
Beide Mannschaften liefen auf. Die Kapitäne schüttelten sich die Hände, sogar eine richtige Seitenwahl wurde gemacht. Der Schiedsrichter pfiff an.
Ehe sich die Zuschauer versahen, stand es bereits drei zu null für Borussia. Zweimal traf DaElba, dessen Bälle einfach nicht zu halten waren. Den anderen Torschützen kannte Bob nicht. Er erkundigte sich bei dem deutschen Journalisten, der neben ihm stand, und erfuhr, dass der Spieler Anton Strasser hieß.
Doch dann kam Peters Elf besser ins Spiel. Zumindest saßen die Konter genauer, und als bei einem dieser Gegenangriffe die beiden Stürmer der Beachboys nach rechts und links abschwenkten und ihre Gegenspieler mitzogen, bekam Peter sogar Raum für einen gezielten Rechtsschuss, der Kuhn zu einer Glanzparade zwang.
Kelly war begeistert. Nun war es an dem deutschen Journalisten, sich bei Bob nach dem Namen von Peter zu erkundigen. »Peter Shaw«, erklärte Bob und fügte nicht ohne Stolz hinzu: »Ein sehr guter Freund von mir. Ich heiße übrigens Bob Andrews.«

Der Deutsche stellte sich ebenfalls vor: »Toni Krautbauer. Ich bin Journalist und für den Münchner TagesKurier hier.«
Bob erklärte, er schreibe für die L.A. Post. Krautbauer blickte ihn prüfend an. In dem Moment gab es schon wieder eine gute Szene für Peter, der seinen Gegenspieler tunnelte, ihm also kurzerhand den Ball zwischen den Beinen durchspielte. »Ganz schön frech, dieser Shaw«, sagte Krautbauer anerkennend. »So etwas hat kein Gegenspieler gerne.«
Durch diese zwei guten Szenen von Peter hatte Bob fast vergessen, dass er eigentlich nicht nur auf das Spiel achten wollte. Er ließ den Blick schweifen. Auf der Gegenseite saßen die Trainer mit ihren Auswechselspielern. Daneben standen noch ein paar Freunde der Spieler aus Peters Mannschaft, Bob kannte die meisten. Auf dem Flachdach des Duschhauses befand sich ein Mann, der mit einer Videokamera das Spiel festhielt. Vermutlich war er ein Angestellter von Borussia.
Gerade als er sich bei Krautbauer nach ihm erkundigen wollte, nahm Bob eine Bewegung hinter einem Fenster des Mannschaftsgebäudes wahr. Es war die Seite, auf der sich die Räume von Borussia befanden. Ein Gesicht tauchte hinter der Fensterscheibe auf und verschwand dann wieder. Bob fixierte das Fenster, doch es war nichts mehr zu sehen. Oder hatte er sich getäuscht? Eigentlich war doch seit Spielbeginn niemand mehr in die Räume gegangen. Insgeheim hatte Bob allerdings auf so eine Beobachtung gehofft. Vielleicht war hier ja wieder einer jener merkwürdigen Streiche im Gang. »Ich muss mal dringend auf die Toilette«, sagte er zu den Mädchen. Sie nickten und verfolgten weiter das Spiel. Bob joggte an der linken Torauslinie entlang auf die andere Seite des Spielfeldes. Er hatte zwar niemanden das Gebäude betreten sehen, aber er hatte ja auch nicht permanent darauf geachtet. Bob ärgerte sich über seine Nachlässigkeit. Einige Meter vor dem Gebäude drehte sich der Detektiv noch einmal um. Niemand

schien ihn zu beachten, alle verfolgten mit Spannung das Spiel.
Schnell schlüpfte Bob durch die rechte Tür in das Mannschaftsgebäude. Er fand sich in einem schmalen Gang wieder, von dem aus nach rechts zwei Türen abgingen.

# Der Dritte Detektiv bekommt weiche Knie

Bob wählte gleich die erste Tür und öffnete sie langsam. Die Duschräume. Stille. Nur etwas Wasser tropfte. Bob trat vorsichtig ein und blickte kurz in die Duschkabinen. Die Tür versuchte er dabei im Auge zu behalten, schließlich wollte er nicht unangenehm überrascht werden. Die Duschräume waren eindeutig leer. Leise zog er sich wieder zurück und schloss die Tür hinter sich. Also blieb nur noch der zweite Raum. Bob ging zu der nächsten Tür und öffnete sie einen Spalt weit. Es war der Umkleideraum. Hosen und T-Shirts hingen an den Kleiderhaken und über den Bänken. Es waren die Privatkleider der Spieler. Logisch, die Trikots hatten sie ja an. Langsam schob sich Bob in den Raum und warf einen prüfenden Blick in die Runde. Auch hier schien sich niemand aufzuhalten. Die Fenster waren geschlossen. Hatte er sich so getäuscht? Aber nein, er war sicher, jemanden gesehen zu haben. Bob begann damit, die Kleidungstücke genauer zu untersuchen. Sie waren so weit in Ordnung, zumindest zerschnitten war keins. Eigentlich ganz normale Sweatshirts, die diese berühmten Spieler trugen. Plötzlich zuckte Bob zusammen. Ein kaum wahrnehmbares Scharren riss ihn aus seinen Untersuchungen. Die ganze Zeit über schon hatte er das deutliche Gefühl, dass er sich hier nicht alleine aufhielt. Irgendwo musste die Person schließlich sein, die er aus der Entfernung beobachtet hatte. Zumal es offenbar keinen zweiten Ausgang gab. Sekundenlang verharrte Bob bewegungslos und lauschte. Doch er hörte nur die gedämpft klingenden Stimmen von draußen. Gerade als er sich wieder an die Untersuchung der Kleider machen wollte, blieb sein Blick an der hinteren Raumwand hängen. Erschrocken realisierte er, dass es sich um eine verschiebbare Trennwand handelte, die einen Teil des Raumes abdeckte. Seine Anspannung

stieg. Was mochte sich dahinter verbergen? Bob ließ die Kleider Kleider sein und ging langsam auf den Raumteiler zu. Er atmete tief durch, um sich ruhig zu halten. Doch sein Herz pochte heftig. Er dachte nicht darüber nach, was er sagen sollte, wenn sich hinter dem Raumteiler jemand befand. Wie er agieren sollte. Er wollte es einfach wissen, jetzt. Mit einem Ruck schob er die Wand zur Seite. Doch da war niemand.
Vor ihm öffnete sich ein schmaler Raum, der völlig leer war. Nur an der gegenüberliegenden Wand, vielleicht drei Meter von Bob entfernt, standen mehrere mannshohe Spinde. Sie waren geschlossen. Die Spinde, durchfuhr es Bob, da konnte sich leicht jemand drin verstecken. Doch dann verließ ihn mit einem Mal der Mut. Plötzlich traute er sich nicht mehr, weiter vorzudringen. Die Anspannung und auch die Kraft entwichen aus ihm. Er wurde sich seiner Situation bewusst. Warum zum Teufel sollte er hier wie ein Einbrecher herumschleichen? Wie sollte er, Bob, seinen Aufenthalt im Umkleideraum des 1. FC Borussia erklären, wenn er plötzlich ertappt würde. Man würde ihn doch sofort verdächtigen, hier etwas im Schilde zu führen. Sein Mut kippte um in Angst. Bob ging einen Schritt zurück, drehte sich um und verließ eilig den Umkleideraum. Er schloss die Tür und ging schnell zum Ausgang. Vorsichtig öffnete er die Außentür einen Spalt weit. Er blickte hinaus. Das Spiel war noch im Gange.
Eine scharfe Stimme hinter ihm ließ ihn zusammenfahren.
»Was machst du hier?«
Bob drehte sich erschrocken um. Ein Mann im dunklen Jackett stand im Gang. Es war Mr Toll, der Marketingmanager des Hotels. Seine Augen funkelten. »Habe ich dich nicht schon mal gesehen?«
»Äh ... ja«, stotterte Bob. »Ich schreibe für die L.A. Post.«
»Ach so, ja richtig.« Die Stimme des Mannes wurde etwas ruhiger. Und er wechselte den Ton. »Darf ich Sie fragen, was Sie hier suchen?«

»Ich wollte eigentlich nur auf die Toilette«, erwiderte Bob.
»Ach so. Da gehen Sie aber bitte hinüber ins Hotel. Hier befinden sich die Mannschaftskabinen. Und nach dem kleinen Zwischenfall gestern – Sie haben ihn ja mitbekommen – achte ich sehr darauf, dass sich hier niemand Fremdes aufhält. Sie müssen bitte entschuldigen.«
Bob nickte. »Ja, natürlich. Auf Wiedersehen, Mr Toll.« Toll reichte ihm die Hand. »Auf Wiedersehen, Mr Andrews, wenn ich nicht irre?«
Bob nickte. »Ja, Bob Andrews.«
Als Bob aus dem Gebäude trat, saß ihm der Schreck noch in den Gliedern. Am liebsten wäre er, dem ersten Impuls folgend, direkt zurück zu Elizabeth und Kelly gelaufen. Doch musste er zunächst seine Notlüge untermauern. Mr Toll beobachtete ihn ja vielleicht. Also ging er in Richtung Hotel. In der Empfangshalle nickte ihm der Hotelportier freundlich zu. Bob schritt direkt zur Toilette und schloss hinter sich ab. Erst mal beruhigen.
Bald ließ die Aufregung nach. Schon ärgerte sich Bob über sich selbst, weil er so leicht aus der Fassung zu bringen war und sich nicht besser unter Kontrolle hatte. Eigentlich war doch alles erklärbar. Mr Toll musste nach der Geschichte mit dem zerschnittenen Trikot ja nach dem Rechten sehen. Schließlich fiel bei solchen Dingen auch ein Schatten auf das Hotel. Doch irgendwie irritierte ihn die Begegnung mit dem Marketingmanager. Woher war Toll so plötzlich aufgetaucht? Es gab doch nur diese zwei Räume und beide hatte Bob überprüft. Hatte sich Mr Toll etwa in einem der Spinde versteckt? Aber warum? Vielleicht, weil er ihn gehört hatte? Oder hatte Toll ihm aufgelauert? Hielt er ihn etwa für den Saboteur?
Bob stand auf. Erst einmal kam er mit seinen Überlegungen nicht weiter. Er drückte auf den Spülknopf, dann wusch er sich die Hände. Irgendwo musste er an etwas Schmieröl ge-

kommen sein. Wieder vollkommen gelassen betrat Bob die Empfangshalle. Der Portier hatte inzwischen Gesellschaft bekommen. Ein grauhaariger Mann in den Mittvierzigern, vermutlich der Hotelchef, erzählt ihm gerade, dass eins der Zimmermädchen nicht zur Arbeit erschienen sei.
»Ausgerechnet jetzt, wo ich die Fußballer hier habe«, jammerte der Mann dem Portier vor, als könne der seine Probleme lösen. Die Anwesenheit von Bob hatte er offensichtlich noch nicht bemerkt. Der Portier deutete vorsichtig in Bobs Richtung. Sein Chef drehte sich um und verstummte.
»Ich höre, Ihr Zimmermädchen ist weggelaufen?«, nahm Bob die Situation in die Hand. »Gestatten, Bob Andrews. Mitarbeiter der L.A. Post.«
»Mein Name ist Burt, ich bin der Geschäftsführer hier«, sagte der Mann. »Ja, so ist es. Und sie wird auch nicht wiederkommen, ich habe gerade mit ihr telefoniert.«
»Vielleicht kann ich Ihnen helfen«, sagte Bob. »Eine Freundin von mir lernt Hotelfachfrau und sucht einen Aushilfsjob.«
»Na, vielleicht ist das eine Idee.« Burt überlegte. Er wirkte nicht abgeneigt. »Schicken Sie sie ruhig mal vorbei.«
»Kein Problem. Sie meldet sich in Kürze bei Ihnen.« Bob verabschiedete sich und verließ das Hotel in Richtung Spielfeld.

Elizabeth begrüßte ihn mit einem Kuss. »Du warst aber lange weg«, sagte sie etwas gereizt.
»Ich erkläre es dir später«, murmelte Bob. Gerade wollte er Kelly von dem Job erzählen, da klopfte ihm Krautbauer auf die Schulter. »Sie haben wirklich was verpasst! Ihr Freund hat ein Tor geschossen! Und was für ein Hammer! Flanke von rechts, Shaw bewegt sich wunderbar von Schmitt weg, Direktabnahme aus gut zehn Metern, und Kuhn im Tor hat keine Chance.«
Bob lächelte stolz. »Wie steht's denn?«
»5:1«, sagte Krautbauer.

Der Schiedsrichter pfiff zur Halbzeit. Beide Teams machten sich auf den Weg in ihre Kabinen. Peter drehte sich um und winkte herüber. Kelly warf ihm eine Kusshand zu und streckte dann zum Zeichen ihrer Zufriedenheit ihren Daumen nach oben.
»Sie sind wohl seine Freundin«, fragte Krautbauer.
»Ja, und ich spiele auch Fußball.«
»Und gar nicht mal schlecht«, ergänzte Elizabeth, »Sie müssen wissen, bei uns in den Staaten ist Soccer eher ein Frauensport.«
»Mich jedenfalls spielt Kelly locker aus«, gab Bob zu.
Krautbauer blickte Kelly erstaunt an. Amerika, so dachte er offensichtlich, war immer gleich für mehrere Überraschungen gut.
Bob grinste. Da Krautbauer nun angeregt mit den Mädchen über Fußball fachsimpelte, konzentrierte er sich auf die Vorgänge rund um die Umkleideräume. Die nicht eingesetzten Spieler von Borussia kamen wieder heraus und begannen sich warm zu laufen. Die anderen Spieler folgten bald.
Die zweite Halbzeit litt dann unter den vielen Einwechslungen. Zuerst gingen Klinger, Sommer, Strasser, dann andere Spieler, sogar der Torwart machte dem Ersatztorwart Platz. Krautbauer drückte sich die ganze Zeit bei Bob, Kelly und Elizabeth herum und wurde immer gesprächiger. Den Beachboys ging zunehmend die Luft aus, auch sie tauschten aus. So war das 9:1, wiederum erzielt durch Julio DaElba, das noch gnädig gestaltete Endergebnis.
»Nettes Spielchen«, sagte Krautbauer zu Bob. »Freut mich, Sie kennen gelernt zu haben. Ich schau mal, ob ich den Trainer oder einen der Spieler erwische.« Galant verbeugte er sich vor Kelly und Elizabeth und küsste ihnen die Hand. Bob fand das ziemlich bescheuert. Aber nun konnte er vielleicht endlich mit Kelly reden und ihr von seiner Job-Vermittlung erzählen.

Doch in dem Moment kam Peter angejoggt, total verschwitzt, aber strahlend. Er fiel Kelly um den Hals und klopfte Bob übermütig auf den Rücken. »Julio . . .«, sagte er und holte Luft, » . . . Julio DaElba kam eben zu mir und hat gesagt, dass ich viel Talent hätte.« Er schnaufte. »Und dass ich weiter an mir arbeiten solle. Und bei allem nicht den Spaß verlieren, hat er gesagt.« Kein Zweifel, Peter war glücklich. Im siebten Fußballhimmel.
Doch einer muss den kühlen Kopf bewahren, dachte Bob und rannte plötzlich los über das Spielfeld. Denn vor dem Umkleideraum der Borussia schien irgendetwas Aufsehenerregendes im Gange zu sein.

# Verdeckte Fouls

Die Spieler vom 1. FC Borussia standen dicht gedrängt zusammen. Als Bob näher kam, bemerkte er, dass sie gebannt einen Streit verfolgten: In ihrer Mitte waren DaElba und Franke, der Trainer, lautstark aneinander geraten. DaElba schwenkte dabei heftig ein Sweatshirt durch die Luft. Bob drängelte sich an einigen Spielern vorbei, um besser sehen zu können. Gerade hielt DaElba Franke das Kleidungsstück ausgebreitet hin. Jetzt konnte es auch Bob gut erkennen: Auf dem Sweatshirt war ein schwarzes Tier aufgesprayt. Es sah aus wie eine Katze. Aber das war nicht alles. Zwei dicke Linien durchkreuzten das Bild.
»Nur Sie wussten davon«, rief DaElba immer wieder zu Franke. Seine Stimme überschlug sich fast. Er sprach englisch.
Franke antwortete ebenfalls auf Englisch, sprach aber sehr leise. Er versuchte offenbar DaElba zu beruhigen. Bob konnte kaum etwas verstehen. Als sich DaElba etwas abgeregt hatte, schickte Franke die anderen Spieler wieder in die Umkleidekabine zurück.
»Was war los?«, fragte Bob den Spieler, der ihm am nächsten stand.
»Irgendjemand hat diese Katze auf sein Sweatshirt gemalt«, antwortete dieser kurz und wollte den anderen ins Gebäude folgen.
»Und was für eine Geschichte meinte DaElba?«, hielt Bob ihn weiter auf.
»Keine Ahnung!«
Es war also doch wieder etwas vorgefallen. Bob lief zu Elizabeth, Kelly und Peter zurück, die in ein angeregtes Gespräch vertieft waren und von alldem nichts mitbekommen hatten.
»Hast du dir ein Autogramm geholt?«, begrüßte ihn Kelly.

»Nein, aber jemand hat ein Autogramm hinterlassen. Und zwar auf DaElbas Sweatshirt. Er ist gerade ziemlich ausgerastet.« Bob erzählte, was er gesehen und gehört hatte.
Peter schüttelte den Kopf. »Ist mir unverständlich, wie man einen so netten Spieler dauernd provozieren kann. Ich kann mir nicht vorstellen, das der jemandem etwas zuleide getan hat.«
Kelly stimmte ihm zu. »Wirklich, eine merkwürdige Geschichte«, überlegte sie. »Klar, wenn einer einem das T-Shirt versaut, reagiert man schon mal heftig. Besonders, wenn einem vorher das Trikot zerschnitten worden ist. Aber rastet man dann so aus? Irgendwie muss noch mehr dahinter stecken. Was meinte er bloß mit diesem ›Nur Sie haben davon gewusst‹? Und was soll diese Katze?«
»Vielleicht kannst du es bald herausbekommen«, sagte Bob.
Kelly blickte ihn überrascht an. »Wieso gerade ich?«
»Weil ich jetzt doch einen Job für dich habe! Zimmermädchen im Sporthotel.« Bob grinste. »Ich habe gerade mit dem Hotelbesitzer gesprochen. Ihm ist heute ein Zimmermädchen weggelaufen. Und da sagte ich ihm, dass ich eine gute Bekannte habe, die Hotelfachfrau studiert und einen Aushilfsjob sucht.«
»Hotelfachfrau?« Kelly schaute Bob entgeistert an. »Ich gehe doch in die High School!«
Bob schüttelte missbilligend den Kopf. »Meine liebe Kelly, dann improvisierst du halt ein bisschen. Und Bettenmachen kannst du doch ganz gut, oder?« Er grinste sie an.
Bevor Kelly etwas Passendes entgegnen konnte, mischte sich Elizabeth ein. »Klar, Bob kann sich sowieso nicht bewerben. Denn sein Bett sieht immer aus wie ein Schlachtfeld.«
»Stimmt«, gab Peter ihr Recht. »Am liebsten schläft er der Einfachheit halber im Schlafsack. Den kann man liegen lassen.«
»Geh du dich lieber mal duschen, Peter«, sagte Bob. »Aber pass auf, dass dabei nicht zu viel von deinem gerade erworbenem Ruhm abblättert.«

Peter grinste. »Der ist viel haltbarer als bloß einen Duschgang!« Dann trabte er davon.
Kelly verabschiedete sich. »Ich kümmer mich dann mal um einen Bewerbungstermin«, teilte sie mit.
»Okay«, sagte Elizabeth. »Ich warte auf dich.«

Als Bob und Peter am Nachmittag gut gelaunt in die Zentrale kamen, trafen sie dort einen hochkonzentriert über den PC gebeugten Justus an.
»Hi, Just, überprüfst du den Umsatz unseres Detektivbüros?«, begrüßte ihn Bob.
Justus verzog keine Miene. Die drei ??? verlangten nie ein Honorar für die Aufklärung ihrer Fälle und hatten insofern auch keine Umsätze zu verbuchen.
Peter beugte sich neugierig über Justus' Schulter und blickte auf den Bildschirm. »Und so möchte ich euch alle vor den Praktiken dieser Sekte warnen«, las er vor. »Vor ihren geschickten Anwerbungsmethoden, aber vor allem auch vor ihren Zielen.« Er machte eine kurze Pause. »Mensch, laut Computer hast du ja schon fünf Seiten geschrieben! Ganz schön viel Text!«
Justus hörte auf zu tippen. »Wie soll man sich bei deinem Gequatsche noch konzentrieren können«, pflaumte er Peter an.
Bob mischte sich ein. »Justus, was hat das zu bedeuten? Anwerbung? Sekte?«
Justus lehnte sich zurück. »Ich schreibe einen Artikel«, erklärte er. »Für die Schülerzeitung. Lest doch selbst.« Justus gab den Druckbefehl.
Peter zog Seite um Seite aus dem Drucker. »Du warst mit deiner Freundin nach einem Termin noch etwas in der Stadt unterwegs«, referierte er für Bob das, was er las. »Warum schreibst du eigentlich nicht ihren Namen? Es war doch wohl Lys?«

Justus warf ihm einen genervten Blick zu. Peter fasste den Text weiter zusammen. »Ihr wurdet also angesprochen, ob ihr nicht kostenlos einen aktuellen Kinofilm sehen wolltet, und da ihr Zeit hattet, seid ihr hingegangen. In dem Kinosaal herrschte dann eine sehr merkwürdige Stimmung und dir als genauem und gutem Beobachter – äh, Justus, willst du das mit dem guten Beobachter nicht weglassen? Eigenlob stinkt doch so . . .«

Justus zog ihm die Zettel aus der Hand. »Bob soll weiterlesen«, erklärte er.

Bob grinste Peter an, beugte sich über den Artikel und referierte weiter. »Tja, dir als, ähm . . . genauem und gutem Beobachter fiel also sofort auf, dass es sich um eine Veranstaltung der FUTURIO-Sekte handelt. Ihr habt euch den Film trotzdem angeschaut und wurdet hinterher in eine Diskussion über FUTURIO verwickelt, in der sich die Sekte sozusagen als Retter der Menschheit aufspielte. Ihr solltet eure Adressen dalassen, wurdet zu irgendwelchen Kursen eingeladen, die euch den Eintritt ins Berufsleben erleichtern sollten und und und.«

»So war es«, sagte Justus. »Eine üble Masche, Leute zu fangen. Hat so was Unehrliches. Ich habe gleich ein wenig in der Bibliothek und im Internet recherchiert. Schau mal auf Seite vier. Klingt alles sehr sauber, was die versprechen. Zu sauber und zu perfekt, als dass es sich im wirklichen Leben umsetzen ließe. Die beanspruchen für sich, mit ihren Methoden alle Menschen glücklich machen zu können. Alle, wohlgemerkt, das bedeutet Weltherrschaft. Alle sollen das Gleiche denken, sonst sind sie nicht glücklich und letztendlich auch keine richtigen Menschen. Aber noch schlimmer ist, wie sie mit ihren Gegnern umgehen: Klagen vor Gericht sind noch das Harmloseste. Ansonsten Verleumdungen, Erpressungen . . . Sie sagen ja selbst, dass sie den Planeten Erde ›reinigen‹ werden. Für mich ist das eher eine Drohung!«

»Zum Reinigen nehme ich immer Seife«, sagte Bob. »Mehr Reinigen ist ungesund.«

»Das denke ich auch«, pflichtete Justus ihm bei. »Und deswegen werde ich unsere Mitschüler vor diesen Leuten warnen. Die Anhänger von FUTURIO sind offenbar schon in mehr Unternehmen und Organisationen drin, als man ahnt. Gleich nachher rufe ich Dave von der Schülerzeitung an, vielleicht bringt er es schon in der nächsten Ausgabe.«

»Wenn da noch so viel Platz ist«, sagte Bob und blickte zweifelnd auf die vielen Blätter. »Oder Dave gibt eine Sonderausgabe heraus.« Justus warf mit dem Staublappen nach ihm.

»Jetzt lass uns mal berichten«, ging Peter dazwischen. Justus grinste und nickte.

Peters Bericht war äußerst ausführlich. Jede Einzelheit war ihm wichtig: die Anweisungen des Trainers vor dem Spiel, wie es dann raus zum Auflaufen ging, der Anpfiff, DaElbas schnelle Tore ... Bob wartete geduldig, er wusste, auf welchen Höhepunkt Peters Bericht unaufhaltsam zusteuerte: auf seinen glorreichen Torschuss.

»Kuhn im Tor hatte kaum Zeit zu reagieren«, erklärte Peter. »Er ist aber ein Super-Torwart und flog in die richtige Ecke. Trotzdem hatte er keine Chance. Mein Schuss kam zu platziert. Tja, so ist Fußball!«

»Wie war das noch mit dem Eigenlob?«, fragte Justus süffisant.

»Okay, okay«, gab Peter zu. »Eins zu eins, Just.«

Dann war Bob an der Reihe. Er berichtete von seinem Besuch in der Umkleidekabine und der Begegnung mit Toll.

»Das war nicht geschickt von dir«, unterbrach ihn Justus. »Du hast dich verdächtig gemacht.«

»In der Tat habe ich das«, sagte Bob. »Besonders, wenn man weiß, wie die Geschichte weitergeht. Denn während des Spiels wurde auf DaElbas Sweatshirt eine Katze aufgesprayt. Ihr glaubt nicht, wie die Sache Wellen geschlagen hat. DaElba war wie eine Furie.«

»Vielleicht war es Toll selber«, warf Peter ein.
Bob lächelte. »Klar, er könnte es gewesen sein. Ich kann ihn irgendwie nicht leiden. Aber warum sollte ausgerechnet er das tun?«
Auch Justus war nicht überzeugt. »Vermutlich wollte er ebenfalls dem Täter auflauern. Hast du denn sonst noch etwas beobachtet, Bob?« Er zeigte auf Bobs Hand. »Was ist das da eigentlich für eine schwarze Stelle?«
»Ach das!« Bob hielt seine Hand hoch. »Ich dachte, ich wäre in den Umkleideräumen an Öl gekommen. Es ließ sich nicht ganz abwaschen.«
»Es könnte auch Farbe sein«, sagte Justus ruhig. »Farbspray.«
Peter nahm den Gedanken sofort auf. »Irgendwie musst du an das besprayte Kleidungsstück gekommen sein. Oder an die Dose selbst. Kannst du dich nicht daran erinnern?«
Bob schüttelte den Kopf. »Nein, keine Ahnung.«
»Okay«, fasste Justus zusammen. »Verdächtige gibt es genug: Mr Toll sowie alle Spieler inklusive Betreuer, die die Kabine erst kurz vor dem Spiel verlassen haben – sofern es in der ersten Halbzeit, also vor Bobs Besuch, passiert ist. Wir können das nicht ausschließen, da du ja nicht alle Kleidungsstücke untersucht hast. Falls es danach passiert sein sollte, sind natürlich alle Spieler verdächtig, die ausgewechselt worden sind.«
»Wenn es nicht noch einen weiteren unbekannten Besucher gegeben hat«, sagte Peter.
Justus wiegte den Kopf. »Wie dem auch sei«, murmelte er. »Die so entscheidende Harmonie im Team und vor allem die zwischen Trainer und Spielern zeigt Risse. Die Ziele, die der 1. FC mit dem Ausflug nach Kalifornien erreichen wollte, scheinen sich ins Gegenteil zu verkehren.«
Bob gab ihm Recht: »Wenn sich die Stimmung weiter so hochschaukelt, können die in der Fußball-Rückrunde einpacken. Eine zerstrittene Mannschaft spielt nicht gut.«

»Das wäre wirklich schade«, meinte Peter. »Gerade hatte ich eine neue Lieblingsmannschaft.«

»Es ist nicht nur schade«, lenkte Justus ein. »Beim Fußball geht es schließlich auch um Geld, um sehr viel Geld. Es ist ein Millionenspiel: Meisterschaft, europäische Cupteilnahme, davon hängt viel ab! Fernsehgelder, Werbeeinnahmen und Sponsorengelder fließen nur bei Erfolg. Andernfalls kann sich selbst eine Traummannschaft sehr schnell auflösen. Stell dir mal vor, was passiert, wenn DaElba geht. Auch andere Spieler werden dann nicht mehr zu halten sein.«

Bob rutschte aufgeregt auf seinem Sessel hin und her. »Vielleicht sind wir an einem ganz heißen Fall dran. Ein zerschnittenes Trikot und ein besprühtes Sweatshirt: kleine, unfeine und zuerst einmal harmlos wirkende Mittel, die eine riesige Wirkung nach sich ziehen. Sozusagen verdeckte Fouls des Gegners außerhalb des Spielfeldes.«

Justus nickte. »Böse Fouls. Bloß, welcher Gegner ist hier im Spiel? Wir brauchen dringend mehr Informationen.«

»Kein Problem«, sagte Peter und er erzählte Justus von Kellys neuem Aushilfsjob. »Sie stellt sich gerade bei Mr Toll vor.«

»Genial«, meinte Justus. »Aber Kelly hat doch wie wir nur eine Woche Schulferien!«

»Aber, Just! In einer Woche wollen wir den Fall doch geklärt haben«, antwortete Peter. »Dann kündigt sie den Job wieder.«

Justus nickte: »Gut gemacht, ihr Fragezeichen. Allerdings werdet ihr mir langsam etwas zu selbstständig. Schließlich bin ich der Boss. Wir müssen die Dinge wenigstens gemeinsam entscheiden.«

Bob fühlte sich angesprochen. »Wenn du Kellys Einsatz meinst: Manchmal muss man die Chancen halt wahrnehmen, wenn sie sich bieten. Außerdem hast du bis jetzt doch noch nicht einmal an einen Fall geglaubt!«

Da musste Justus ihm Recht geben. »Okay, aber das ist jetzt ja anders.«

# Der verschwundene Bruder

Mr Toll, der Marketingmanager des Sporthotels, war auch für die Einstellung von Personal zuständig. Er empfing Kelly in seinem aufgeräumten, fast kahl wirkenden Büro. Heute trug er ein dunkelblaues Jackett, dazu eine Krawatte, die mit kleinen Tennisschlägern gemustert war. Er wirkte gut gelaunt. Kelly hatte sich auf das Gespräch vorbereitet: In einem Superschnellkurs per Telefon hatte sie sich von einer Freundin, die in einem Hotel tätig war, einige Grundregeln der Arbeit dort angeeignet. Besonders die Fachausdrücke hatte sie sich eingeprägt. Dazu einige Fragen, die sie stellen wollte, um bei Toll den Eindruck zu erwecken, sich gut auszukennen. Wie sich herausstellte, hätte sie sich die Mühe und die Telefongebühren sparen können. Mr Toll wollte nur ein paar eher persönliche Dinge wissen: Ob sie noch zu Hause lebte, wie ihr ihr Studium gefalle, was sie später machen wolle, ob sie ein politisch engagierter Mensch sei, ob sie Sport treibe. Kelly antwortete höflich, ohne jedoch viel über sich zu verraten.
Mr Toll lehnte sich zufrieden zurück. »Eine letzte Frage noch. Können Sie auch ab und zu im Restaurant aushelfen?«
Kelly nickte. »Aber klar doch.«
»Schön! Sie wissen: Freundlichkeit ist bei uns oberstes Gebot. Mein erster Eindruck ist, dass Sie sich hier sehr gut einfügen werden.« Er lächelte Kelly an. »Und jetzt werde ich Ihnen Mrs Scull vorstellen, die den Servicebereich leitet.«
Mrs Scull, eine füllige Frau Mitte vierzig, drückte Kelly kräftig die Hand. Keine Frage, diese Frau hatte den Zimmerservice gut im Griff. Aber dennoch hatte Kelly auch hier leichtes Spiel. Die Regeln im Sporthotel waren so eigen, dass Mrs Scull ihr in einem endlosen Wortschwall alles haarklein erklärte.
»Es fängt damit an, dass wir hier den Luxus von Einzelzimmern haben«, erklärte Mrs Scull. »Nicht in jedem Sporthotel

ist das so, aber hier sollen sich die Spieler voll konzentrieren können.« Mit lauter, dröhnender Stimme wurde Kelly erläutert, wie die Bettdecke gefaltet würde, welche Kleidungstücke man wegräumen, welche man liegen lassen musste, wie das Bad zu hinterlassen sei. Kelly brauchte nicht mehr zu tun, als sich einfach alles zu merken. Dies war allerdings angesichts der Flut von Erklärungen und Anweisungen nicht ganz leicht. Aber Mrs Scull nickte Kelly freundlich zu. »Sie werden es schon schaffen, Mädchen«, dröhnte sie. »Sie sehen ganz patent aus. Morgen früh um sechs kommen Sie bitte vorbei.« Kelly schluckte. Das war doch recht früh für die Ferien.

So früh morgens war der Strand noch ziemlich leer. Peter hatte seinen Laufrhythmus gefunden. Über Nacht war etwas Regen gefallen, so dass der Sand jetzt fest genug war, um eine gute Joggingunterlage abzugeben. Peter liebte es, sich auf diese Weise am Strand von Rocky Beach fit zu halten und gleichzeitig seinen Gedanken freien Lauf zu lassen. Er dachte an Kelly, die noch früher aufgestanden war als er und jetzt sicher müde ihrem Dienst im Hotel nachging.
In einiger Entfernung kam ihm ein anderer Jogger entgegen, jemand, der es offenbar auch genoss, frühmorgens am Meer zu laufen. Als er näher kam sah Peter, dass es Julio DaElba war. Dieser erkannte Peter ebenfalls und hielt an.
»Hi!« Der durchtrainierte Sportler war kaum außer Atem. »Du bist doch der Torschütze von unserem Trainingsspiel gestern. Nicht jeder schießt gegen Kuhn so ein Tor! Peter ist dein Name, wenn ich mich recht erinnere?«
Peter nickte geschmeichelt. »Danke für das Lob. Besonders, wenn es aus Ihrem Munde kommt.«
DaElba lächelte. »Nenn mich ruhig Julio. Ich habe dich übrigens schon vorher mal gesehen. Du standest doch vor zwei Tagen auf der anderen Seite des Hotelzauns und hast mir beim Spiel mit dem Ball zugeschaut.«

»Ja, ich bewundere dein Spiel schon lange. Im Kabel-TV können wir europäischen Fußball empfangen. Und neulich musste ich dir einfach zusehen. So traumhaft, wie du mit dem Ball umgehen kannst.«
»Tja, da war die Welt noch in Ordnung. Komm, Peter, ich lade dich auf einen Kaffee ein. Du musst mir nur zeigen, wo.«
Ein Glückstag für Peter. Er wies auf eine Strandbar, in der er ab und zu eine Cola trank. »Warum läufst du hier alleine herum? Wo sind die anderen Spieler?«
»Wir haben die letzten Tage viel trainiert und heute einen freien Vormittag. Ich wollte meine Ruhe haben und bin etwas joggen gegangen.«
Sie traten in die Bar und Peter bestellte sich einen Milchkaffee. DaElba wählte einen Cappuccino. Sie sprachen eine Weile über Fußball. Peter war erstaunt, wie locker und normal sich Julio gab. Einen erfolgreichen Fußballstar hatte er sich ganz anders vorgestellt. Trotzdem schien ihn etwas zu bedrücken. Ob das mit den Vorfällen im Trainingslager zu tun hatte? DaElba hatte ja vorhin selbst so etwas angedeutet.
Peter lenkte das Gespräch auf persönlichere Themen. »Warum heißt du eigentlich DaElba? Das ist doch eher ein italienischer als ein brasilianischer Name?«
Julio trank einen Schluck Kaffee. »Mein Vater ist Italiener«, erzählte er. »Er kam vor vielen Jahren nach Brasilien, um über die Einwohner der Regenwälder zu forschen. Er ist Wissenschaftler, Anthropologe, das heißt, er forscht über die Geschichte der Menschen. So hat er meine Mutter kennen gelernt, die in einem kleinen Dorf im Urwald lebte. Sie sind dann nach Brasilia gezogen und haben geheiratet. Und zwei Jungs bekommen.«
»Du hast noch einen Bruder?«
DaElba seufzte. »Ja, er ist drei Jahre älter als ich. Aber ich habe ihn lange nicht mehr gesehen.«
Peter überlegte, ob er nachfassen sollte. Andererseits wollte er das Thema langsam auf die Vorfälle im Sporthotel bringen.

Doch Julio sprach schon weiter. Peter schien einen Erinnerungsstrom ausgelöst zu haben. »Alberto, so heißt mein Bruder, ging ins Holzgeschäft und machte viel Geld. Aber gleichzeitig zog er sich immer mehr von mir zurück. Ich war traurig, weil wir uns als Kinder so gut verstanden haben. Wir haben viel zusammen gespielt. Ich war sein kleiner Bruder und sein bester Kumpel. Was wir gemeinsam alles ausgefressen haben...«
Er hielt kurz inne. Peter unterbrach ihn nicht.
»Eine Zeit lang waren wir mit unseren Eltern auf Forschungsreise und lebten in Zelten und Hütten mitten im Urwald. Da erlebt man viel als Kind. Es war eine schöne Zeit. Wir konnten uns total aufeinander verlassen.« Er lächelte versonnen. »Wir spielten übrigens Fußball mit Bällen aus geflochtenen Ästen. So fing ich an.«
»Da hast du also deine sagenhafte Ballbeherrschung her? Und dein Bruder, spielt er genauso gut wie du?«
Julio schüttelte den Kopf. »Alberto war da nicht so ehrgeizig, so verrückt wie ich. Wir wurden älter und er kümmerte sich immer mehr um das Holzgeschäft.«
»Das viele Geld hat ihn vermutlich verändert«, warf Peter ein.
»Nein, daran lag es eigentlich nicht. Alberto sonderte sich immer mehr ab, bis er schließlich ganz verschwand. Es war nicht nur das Geld. Siehst du, ich bin heute auch reich, aber ich kenne noch viele meiner Freunde von früher. Ich sehe sie immer, wenn ich zu Hause in Brasilien bin. Wir sitzen zusammen, als wäre ich nie weg gewesen. Er hingegen wechselte seinen Freundeskreis vollkommen. Er bekam neue Freunde, merkwürdige Leute, und er kümmerte sich nur noch um sie.«
Peter wurde jetzt langsam neugierig. »Was waren das für Menschen?«
Doch der Brasilianer winkte ab. »Lassen wir das, ich möchte nicht mehr daran erinnert werden.« Versonnen und traurig blickte DaElba durchs Fenster aufs Meer hinaus.

»Gut, Julio, reden wir über etwas anderes.« Peter entschloss sich zu einem überraschenden Themenwechsel. »Was war das eigentlich für eine Katze, die auf dein Sweatshirt aufgesprayt wurde?«
DaElba fuhr herum. Peter hatte ins Schwarze getroffen. »Was weißt du von dem Sweatshirt?«
Peter blickte Julio möglichst treuherzig an. »Bob hat es mir erzählt. Ein Freund. Er hat zufällig deinen Streit mit Mr Franke gehört, nachdem das Freundschaftsspiel beendet war.«
»Es ist eine interne Geschichte«, antwortete Julio. Mehr sagte er nicht.
»Julio, falls du in Schwierigkeiten bist, können wir dir vielleicht helfen.«
»Ihr? Wer ihr?«
Peter lächelte verlegen und zog eine Visitenkarte aus der Tasche. »Nun, weißt du, wir sind Detektive. Bob, von dem ich dir schon erzählt habe, dann Justus und ich. Wir nennen uns ›Die drei ???‹ und wir lösen jeden Fall. Fast jeden, zumindest.« Peter überreichte die Karte.

```
          Die drei Detektive
                 ???
          Wir übernehmen jeden Fall

  Erster Detektiv          Justus Jonas
  Zweiter Detektiv         Peter Shaw
  Recherchen und Archiv    Bob Andrews
```

Julio las sie und schmunzelte. »Seid ihr teuer?«
»Wir nehmen kein Honorar«, erklärte Peter stolz. Aber dann fiel ihm doch noch etwas ein. »Wenn wir dir helfen können, dann kannst du uns ja mit einem kleinen Elfmetertraining belohnen.«

Julio klopfte Peter auf die Schulter. »Ich werde es mir überlegen. Aber jetzt muss ich weiter, ich treffe mich noch mit einem Geschäftspartner.«
Peter horchte auf. »Ein Spielervermittler?«, fragte er ins Blaue hinein. »Willst du den Verein wechseln?«
»Nein, nein. Aber man weiß ja nie. Ich kenne die Leute noch gar nicht. Eine Personalagentur. Sie haben sich an mich gewandt.« Julio zog eine Visitenkarte heraus. Peter fiel das Signet auf, es war eine blaue Weltkugel.
Julio steckte die Karte wieder ein und legte ein paar Geldstücke auf den Tisch. »Komm, lass uns gehen.«
»Danke für den Kaffee!«
Sie verließen die Bar. Nachdenklich blickte Peter hinter Julio her, der leichtfüßig über den Sand davonlief.

# Rote Karte für Bob

Als Peter die Zentrale der Detektive betrat, traf er auf einen wütenden Justus. »Stell dir vor, Peter, Dave hat es abgelehnt, meinen Artikel über FUTURIO abzudrucken. Er redet herum, hier und dort und jenes und dieses. Ich glaube, er hat Angst.«
»Wovor?«
»Vor deren Rechtsanwälten, vor anonymen Bedrohungen. Er weiß, dass FUTURIO mitunter nicht zimperlich ist, auch wenn die Organisation so tut, als ob sie eine ganz harmlose Glaubensgemeinschaft wäre.«
»Nicht zuletzt steht es in deinem Artikel.«
Justus nickte. »Na klar! Jedenfalls weigert sich Dave und er kann das natürlich entscheiden. Was soll ich jetzt machen? Vor diesen Leuten muss gewarnt werden. Und wenn alle keinen Mumm haben, können wir gleich aufgeben.«
Peter gab ihm Recht. Sie schwiegen ratlos. Als die Tür aufging und Bob eintrat, hatten beide sofort den gleichen Gedanken. »Bobs Vater«, riefen Justus und Peter wie aus einem Mund und blickten sich an.
Bob schaute irritiert. »Was ist denn das für eine Begrüßung? Ich bin's selbst, euer Bob, und nicht mein eigener Vater!«
»Klar, Bob«, grinste Justus. »So alt siehst du nun doch noch nicht aus. Peter und ich, wir dachten nur deswegen beide an deinen Vater, weil er bei der L.A. Post arbeitet. Vielleicht kann er dort meinen FUTURIO-Artikel abdrucken. Dave weigert sich nämlich. Er hat Angst.«
»Ach so«, sagte Bob und nickte. »Ich werde meinen Vater gerne fragen.« Dann zog er ein Fax aus der Tasche. »Hier, schaut mal. Das erscheint heute in Deutschland in allen Zeitungen.«
Peter griff sich das Fax, blickte Bob dann jedoch fragend an. »Was steht denn in dem Text drin? Ich kann doch kein Deutsch lesen.«

Bob setzte sich in einen Sessel. »Mein Vater hat ihn mir gegeben. Die deutschen Journalisten haben die Geschichte mit der aufgesprayten Katze mitbekommen. Irgendwer hat ihnen auch das mit dem zerschnittenen Trikot gesteckt. Heute Morgen hatten die Spieler frei und einige haben sich mit den Journalisten getroffen. Nun bohrt die Presse herum, macht die Spieler heiß und bläst die Story zu einer Riesensache auf. In Deutschland ist im Moment Fußballpause, und da stürzen sich die Medien auf solche Dinge. Sogar ein Fernsehteam hat sich angesagt.«
»Vielleicht wollen sie die Trikotschnipsel zur Hauptsendezeit in Zeitlupe bringen«, grinste Peter. »Mit Werbeunterbrechung!«
Justus lächelte kurz. »Genau, was wir vermutet haben«, sagte er dann. »Die Geschichte gewinnt an Dynamik. Jetzt geht der Medienrummel los. Da ist die Mannschaftspsychologie kaum noch reparabel.«
Peter zog eine Augenbraue hoch. »Mannschaftspsychologie? Was weißt du Nichtsportler denn davon?«
Justus blickte ihn schräg an. »Man muss nicht in einem so erlesenen Topteam spielen wie du, Peter, um etwas von Gruppendynamik zu verstehen. Es gibt schließlich in allen Bereichen Beispiele dafür, wie die Dinge plötzlich schief laufen können, wenn erst mal das Verhältnis innerhalb der Gruppe gestört ist. So etwas passiert nicht nur im Sport, sondern genauso in der Politik, in der Schule . . . Man muss die Vorgänge nur lesen können. Ein bisschen mitdenken . . .«
Bob starrte an die Decke. Justus' Gerede ging ihm auf die Nerven. »Herr Lehrer, ich weiß auch ein Beispiel«, sagte er und schnippte mit der erhobenen Hand, als ob er sich in der Schule zu Wort melden wollte. »Da gibt es drei Jungs, die zusammen ein Detektivbüro betreiben. Wenn einer von denen dauernd kluge Vorträge hält, nervt das die anderen so, dass die ganze Zusammenarbeit ins Stocken gerät.« Er lachte los, als er

Justus' sprachloses Gesicht sah. »Ist schon in Ordnung, Justus«, lenkte Bob ein. »Du hast ja im Prinzip Recht. Stellt euch vor, wie jämmerlich wir scheitern würden, wenn wir uns dauernd stritten und keiner dem anderen über den Weg trauen würde.«
Peter nickte. »Selbst die Freundinnen haben unseren Teamgeist nicht ins Wanken bringen können.«
»Weil zum Glück jeder eine nette gefunden hat«, meinte Justus. »Erstaunlicherweise sogar du, Bob«, fügte er spitz hinzu. »Aber zurück zu den Zeitungen: Bob, wie erklären sich die Deutschen denn diese Geschichte?«
»Sie glauben, dass es in der Mannschaft verdeckte Rivalitäten gibt. Auch der Trainer gerät ins Gespräch.«
»Rivalitäten . . . Spieler, die im Schatten von DaElba stehen. Die ihm den Erfolg nicht gönnen und eifersüchtig sind. Eine mögliche Erklärung«, sagte Justus. »Aber bestimmt nicht die einzige. Mal sehen, was Kelly nachher erzählt. Sie hat heute Morgen ja ihren ersten Dienst und wird anschließend hierher kommen.«
»Aber das ist noch nicht alles«, sagte Bob. Peter und Justus blickten ihn erwartungsvoll an.
»Ich, Bob Andrews, habe Hausverbot im Sporthotel!«
»Hausverbot? Die haben dir die rote Karte gezeigt?«, fragte Peter ungläubig.
»Hast du dich wie immer danebenbenommen?«, witzelte Justus, doch dann wurde er ernst: »Sag, Bob, sie verdächtigen dich?«
»Ja, ich glaube schon. Dieser Mr Toll hatte mich doch in den Umkleidekabinen erwischt, als die Katze aufgesprüht worden ist. Das wird es sein. Eine Begründung wurde mir nicht gegeben. Ich habe meinen Vater eingeschaltet. Er wird protestieren.«
»Deinen Vater beschäftigen wir inzwischen ja ganz ordentlich«, bemerkte Justus.

Peter meldete sich zu Wort. »Ich habe heute auch eine interessante Begegnung gehabt.« Er erzählte von seinem Gespräch mit Julio, von der Geschichte des verlorenen Bruders und von dem Treffen DaElbas mit einem Spielervermittler.
Justus kaute an seiner Unterlippe. Nach ein paar Sekunden ließ er wieder von sich hören. »Ein weiteres Motiv erscheint am Horizont: Abwerbung.«
Bob runzelte die Stirn. »Wie, Abwerbung?«
»Es könnte doch sein, dass ein anderer Verein Julio DaElba verpflichten will. Das Problem ist nur, dass sich DaElba bei Borussia sehr wohl fühlt. Er will dort gar nicht weg. Geld lockt ihn auch nicht besonders und sportlich sieht alles glänzend aus. Also muss der andere Verein für Unruhe bei Borussia sorgen. Versuchen, Trainer und Star zu entzweien. Damit sich DaElba leichter von seinem Team löst. Und offenbar funktioniert's ja auch.«
Bob nickte. »Da sind die Journalisten noch nicht drauf gekommen.«
»Was nicht heißt, dass wir die Eifersuchtstheorie verwerfen sollten«, gab Justus zu bedenken. »Wir müssen in alle Richtungen denken.«
»Auch die Geschichte mit dem verschwundenen Bruder ist interessant«, murmelte Bob.
Justus klopfte ihm auf die Schulter. »Sie geht dir ans Herz, wie?«
Bob atmete hörbar durch. »Und wenn's so ist, warum nicht?«
Justus lächelte Bob an und drehte sich zu Peter um. »Hast du eigentlich die Liste der Spieler zusammen, die vorzeitig ausgewechselt worden sind?«
Peter nickte und reichte Justus ein Blatt Papier.
»Klinger, Strasser, Sommer, Lukas, Kunze, Ruzzero, Kuhn«, las dieser vor.
»Das müssten sie sein«, sagte Peter. »Ich denke nicht, dass ich einen vergessen habe. Sie alle waren vorzeitig in der Umklei-

dekabine und hatten die Gelegenheit, das Trikot zu besprühen.«
»Aber geben sie sich nicht gegenseitig ein Alibi?«, fragte Bob. Peter schüttelte den Kopf. »Da waren immer ein paar Minuten dazwischen. Die Spieler sind in der Regel sofort in das Mannschaftsgebäude gegangen, haben kurz geduscht, sich umgezogen und sind dann wieder rausgekommen. Jeder von ihnen kann durchaus ein paar Minuten allein in der Umkleidekabine gewesen sein.«
Justus schrieb unter die Liste der Verdächtigen noch den Namen des Marketingmanagers. Dann malte er ein Fragezeichen hinzu, falls es einer weiteren Person gelungen sein sollte, unbeobachtet in die Kabinen zu gelangen. »Schade, Bob, dass du nicht die ganze Zeit über auf die Kabinentür geachtet hast.«
»Ab und zu habe ich auch Peter angefeuert«, erwiderte der Dritte Detektiv. »Um ihn auf Trab zu bringen. Aber warte mal. Da war doch ein Mann, der das Spiel mit einer Videokamera aufgenommen hat. Da könnte ein Hinweis drauf sein – sofern die die Bänder überhaupt aufheben.«
»Außerdem sind dort überall Kameras installiert«, stimmte Peter zu. »Irgendeinen nützlichen Anhaltspunkt haben die mit Sicherheit aufgezeichnet.«

# Kellys Entdeckung

Pünktlich um sechs Uhr früh erreichte Kelly das Sporthotel. Was tat man nicht alles, um den drei ??? zu helfen. Der Bedienstete an der Einlasskontrolle griff zum Telefon und rief Mrs Scull an, die Kelly abholen kam. Zusammen besichtigten sie das Hotel. Dann stellte Mrs Scull Kelly das andere Zimmermädchen vor: Doria Eichhorn, eine Deutsche, die vor wenigen Jahren mit ihren Eltern nach Amerika eingewandert war. Sie lachte Kelly freundlich an.
»Also, Kelly«, schloss Mrs Scull die Vorstellung ab, »Sie wissen jetzt Bescheid. Zuerst bereiten Sie das Frühstück mit vor, und wenn dann die Gäste herunterkommen, sind die Zimmer an der Reihe. Doria wird Ihnen am Anfang helfen. Vor allem: Pfoten weg von den Privatsachen! Private Dinge der Gäste gehen uns nichts an. Wenn Ihnen aber trotzdem etwas auffällt, so melden Sie es mir bitte sofort. Sie haben ja vielleicht mitbekommen, dass es in den letzten Tagen hier etwas Unruhe gegeben hat.« Kelly nickte.
Mrs Scull blickte auf ihre Armbanduhr. »So, ich überlasse Sie jetzt Doria. Nachher müssen Sie sich mit den Zimmern besonders beeilen, weil die Fußballer einen freien Vormittag haben. Man weiß nie, ob sie nicht gleich nach dem Frühstück wieder in ihre Zimmer wollen.« Sie sah Doria an. »Das Zimmer von Klinger macht ihr beiden bitte noch zusammen. Zeig ihr noch einmal alles, was zu tun ist. Die nächsten Räume in diesem Gang soll Kelly dann alleine säubern. Mach's gut, Mädchen.«
Mit Doria zusammen ging alles leicht von der Hand. Kelly war erstaunt, wie viel man aus den verlassenen Zimmern über die jeweiligen Bewohner erfahren konnte. Das Zimmer von Klinger war sehr unordentlich: Schuhe waren über den ganzen Raum verstreut, die Bettdecke lag auf dem Boden, im Bad verteilten sich Duftwässerchen, Bürsten und Handtücher.

»Das ist ganz normal«, sagte Doria und schüttelte ihre braunen Locken. »Diese Fußballmillionäre sind wirklich wie die kleinen Kinder.«
Hier hatten sie einiges zu tun. Während sich Doria noch um das Badezimmer kümmerte, wischte Kelly zum Abschluss mit dem Staubtuch über den einen oder anderen Gegenstand, in der Hoffnung, sie würde vielleicht etwas Interessantes entdecken. Doch etwas Verdächtiges fiel Kelly nicht auf. Klinger jedenfalls war ihr aus der neuen Perspektive als Zimmermädchen nicht sehr sympathisch. Auch wenn man im Hotel dafür bezahlte, dass das Zimmer gesäubert wurde, musste man ja nicht alles fallen lassen, wo man gerade stand.
»Chaot«, brummte Kelly, als sie das Zimmer verließen.
Doria nickte. »Die anderen Zimmer hier im Gang sind für dich. Mach es einfach genauso.« Sie grinste verschmitzt. »Im nächsten Zimmer wirst du staunen!«
Dieses nächste Zimmer gehörte Strasser. Als Kelly die Tür öffnete, traute sie ihren Augen nicht. Auf alles andere war sie gefasst gewesen, nur auf das nicht: Hier herrschte absolute Ordnung. Sogar das Bett war peinlich genau zurechtgezupft. Sie zog die Tür hinter sich zu und schaute ins Bad. Auch hier stand alles an seinem Platz. Die Waschutensilien lagen nach der Größe sortiert in einem speziellen Köfferchen.
Während Kelly ein wenig über den Schreibtisch wischte, schob sie einige Zeitschriften beiseite. Unter ihnen kamen mehrere Papiere zum Vorschein. Kelly sah sie sich genauer an. Briefe auf Deutsch. Zwei handgeschriebene Privatbriefe, ein geschäftlicher mit einem auffälligem Firmensignet. Kelly versuchte, es sich einzuprägen. Es war eine kreisrunde blaue Kugel. Business World hieß die Firma, die an Strasser geschrieben hatte. Da hörte Kelly Schritte auf dem Gang. Schnell schob sie die Papiere wieder in ihre alte Ordnung. Doch die Schritte draußen entfernten sich wieder. Kelly strich noch einmal das Bett glatt und verließ den Raum.

Als Nächstes folgte das Zimmer von Franke, dem Trainer. In Kellys neu erstelltem Ordnungsbarometer lag es in etwa zwischen Klinger und Strasser. Hier herrschte eine Unordnung, die ganz sympatisch war. Denn für allzu penible Menschen hatte Kelly eigentlich auch nichts übrig.
Zunächst säuberte sie das Bad und wechselte ein Handtuch. Anschließend machte sie das Bett. Auf dem Nachtisch lagen zwei Bücher. Ein Sachbuch über Sportpsychologie und ein berühmter Krimi von Robert Arthur. Franke war belesen: weitere Bücher standen auf dem Schreibtisch. Um die TV-Fernbedienung wieder auf ihren Platz neben dem Fernseher zu legen, musste Kelly einen Stuhl beiseite rücken, auf dem ein Jackett hing. Sie zog den Stuhl herum, als plötzlich ein Gegenstand zu Boden fiel. Kelly zuckte zusammen, sie hatte irgendetwas umgestoßen. Auf dem Boden rollte ihr langsam eine lange Metalldose entgegen. Sie blieb direkt vor ihren Füßen liegen. Kelly bückte sich und nahm die Flasche vorsichtig in die Hand. Eine Farbspraydose. Farbe: Schwarz. Kelly überlegte fieberhaft. Was wollte Franke mit einer Farbspraydose? Natürlich, die schwarze Katze auf DaElbas Trikot war ja aufgesprayt gewesen. War das die Dose des Sprayers? War Franke der Täter? Was sollte sie jetzt bloß tun. Wieder hinstellen? Zu Mrs Scull bringen? Oder das Beweisstück sichern und die drei ??? informieren? Schon wieder hörte sie Schritte auf dem Gang. Schnell weg mit der Dose. Doch es war zu spät. Die Zimmertür öffnete sich. Jochen Franke blickte ihr direkt in die Augen. Dann fiel sein Blick auf den länglichen Gegenstand, den Kelly zitternd in der Hand hielt. Franke begriff sofort. Langsam kam er auf Kelly zu.

»Und, Kelly, wie ist es weitergegangen?« Justus, Peter und Bob hingen an ihren Lippen.
Kelly machte eine Kunstpause. Sie genoss es, im Mittelpunkt des Interesses zu stehen.

»Los, Kelly«, forderte Justus. »Mach's nicht so spannend. Unser Beifall ist dir auch so sicher.«
»Also gut.« Kelly warf die Haare zurück. »Es wurde etwas ungemütlich. Franke kam näher und brüllte mich an, was ich da in seinem Zimmer tue. Er wollte mir die Dose abnehmen und packte mich fest am Arm.«
Kelly zog den Ärmel ihres Sweatshirts hoch. »Hier, ich habe sogar einen blauen Fleck bekommen!«
Peter sprang auf und sah sich Kellys Arm an. Erbost murmelte er: »Dem werde ich's zeigen, dem Fiesling.«
Kelly fuhr mit ihrem Bericht fort: »Ich wehrte mich und hielt die Dose fest. Dann tauchte zum Glück Mrs Scull auf und fragte, was los sei.«
»Und dann?«, wollte Justus wissen.
»Und dann war ich sprachlos. Franke beschuldigte mich doch glatt, die Dose absichtlich in seinem Zimmer deponiert zu haben. Er hätte mich auf frischer Tat ertappt. Ganz schön clever, dieser Typ.«
»Kam dieser Affe damit durch?«, fragte Peter und ließ Kellys Arm wieder los. Ganz offensichtlich hatte er durch den blauen Fleck auf Kellys Arm seine Meinung über Franke grundlegend geändert. Er gab Kelly einen Kuss.
Sie lehnte sich an ihn und strich ihm über's Haar. »Mrs Scull nahm die Dose an sich und sagte zu Franke, er solle sich nicht aufregen. Die Sache würde sich klären. Dann ging sie mit mir zu Mr Burt, dem Hotelchef. Auch Mr Toll wurde hinzugerufen. Ich sollte alles ganz genau erzählen. Mr Toll lief dauernd nervös herum und stellte konfuse Fragen, aber Mr Burt beruhigte ihn. Er war sehr freundlich zu mir. Sie glaubten mir. Wo hätte ich die Dose auch herhaben oder verstecken sollen! Ich hatte ja keine Tasche dabei, als ich durch die Zimmer ging. Und sie ist ziemlich groß.«
»Da haben wir also den Täter!«, rief Peter. »Das hätte ich nie gedacht! Franke, dieser sympathische Typ. Aber wir haben

uns ja schon öfters getäuscht. Warum hat er das bloß gemacht?«
Justus war ganz in Gedanken versunken. »Interessant«, ließ er sich vernehmen. Er brummelte vor sich hin. Dann sagte er ruhig: »Langsam, langsam, Peter. Lass dich nicht von einem blauen Fleck auf Kellys Arm zu vorschnellen Schlüssen verleiten.«
Peter und Bob blickten ihn fragend an. Justus fuhr fort. »Vielleicht war es ja tatsächlich Franke. Aber damit wissen wir noch lange nicht, warum er es getan hat. Das sollten wir zuerst herausbekommen. Wer weiß, was da noch für eine Geschichte dahinter steckt und welche Rolle er dabei spielt.« Justus machte eine kleine Pause. »Und vielleicht war es Franke ja auch gar nicht.«
Peter fiel ihm ins Wort. »Aber die Geschichte von Julio! Franke war der Einzige, der von dieser seltsamen Geschichte wusste. Das hat Julio doch dauernd gerufen. Dann das zerschnittene Trikot: Ich selbst habe ihn in das Gebäude gehen gesehen. Und nun noch die Spraydose in seinem Zimmer!«
Justus schüttelte den Kopf. »Du sagtest doch, du ›glaubtest‹ ihn erkannt zu haben. Die Entfernung war sehr groß. Für die Geschichte, die angeblich nur er kennt, habe ich leider keine Erklärung. Wir müssen erst einmal herausbekommen, worum es da geht. Aber die Spraydose könnte auch jemand anders in Frankes Zimmer versteckt haben.«
»Und ich sollte sie dann dort finden«, schloss Kelly.
»Ja«, sagte Justus. »Eine neutrale Person sollte sie finden. Das Zimmermädchen. Dadurch fällt der Verdacht umso stärker auf den Trainer.«
»Und für Franke hat es dann tatsächlich so ausgesehen, als hätte Kelly die Dose in seinem Zimmer versteckt«, bemerkte Bob. »Das erklärt seine harsche Reaktion.«
Peter schüttelte den Kopf. »Denkt nicht zu viel an könnte, hätte und würde. Ich glaube, er war es. Und wir sollten herausfinden, warum er sein Spiel treibt.«

Das Telefon schellte. Es war Mr Andrews, der von der Redaktion aus anrief und seinen Sohn sprechen wollte. Bob schaltete den Lautsprecher des Telefons ein, damit alle mithören konnten.
»Bob, du darfst wieder ins Sporthotel«, berichtete Mr Andrews. »Ich wollte gerade dort anrufen und mich über das Hausverbot beschweren, da klingelte das Telefon und Mr Toll war dran. Er entschuldigte sich und sagte, es hätten sich neue Entwicklungen ergeben und du seist von jedem Verdacht frei. Was ist da bloß los?«
Bob erzählte ihm die Geschichte von Franke.
»Na denn, geh mal hin, Bob. Das riecht ja nach einer heißen Story. Und grüß mir die anderen Jungs. Besonders Justus: Ich habe seinen Leserbrief über FUTURIO von unserem Anwalt gegenchecken lassen und ein paar kleine Punkte geändert und . . . äh, leicht gekürzt. Wenn Justus will, lasse ich den Brief morgen früh drucken.«
»Justus nickt, Dad«, sagte Bob.
»Okay, bis dann!«
»Bis dann, Dad. Und danke!«
Justus sah sehr zufrieden aus. »Die Chancen für die drei ??? stehen gut«, sagte er. »Wir haben Kelly vor Ort. Und Bob. Und vielleicht«, er blickte Peter an, »sollten wir unsere Idee von vorhin aufgreifen und nach den Videobändern des Sicherheitssystems schauen. Das haben die vom Hotel bestimmt auch schon gemacht, aber vielleicht haben sie etwas übersehen. Irgendeinen Hinweis, eine Kleinigkeit. Das wäre doch eine Sache für unseren Einbruchsspezialisten, nicht wahr, Peter?«
»Theoretisch kein Problem«, nickte Peter. »Aber ist das nicht ein bisschen gefährlich?«

# Der geheime Code

Als sie am Abend den Speisesaal betrat, spürte Kelly sofort, dass die Stimmung gespannt war. Keine Spur mehr von dem fröhlichen und scherzhaften Beieinander der Fußballer, von dem Doria ihr begeistert erzählt hatte. Still saßen die meisten Sportler zusammen und warteten auf den Beginn des Abendessens. Kelly war an diesem Abend zum Servieren eingeteilt. Sie ging die Tische ab und fragte nach den gewünschten Getränken.
Mr Schaffer, der Manager von Borussia, saß abseits und unterhielt sich angeregt mit Strasser, einem der drei Mannschaftssprecher. Kelly hörte, dass es um Franke ging. »Was wünschen Sie zu trinken?«, fragte sie.
Mr Schaffer unterbrach das Gespräch. »Wasser«, sagte er. »Und heute brauche ich mal einen schönen Rotwein. Am besten einen Chianti. Eine Flasche, suchen Sie sie aus.«
»Sehr wohl. Und Sie?«
»Eine Flasche Wasser, bitte«, sagte Strasser.
An dem nächsten Tisch saßen ebenfalls nur zwei Männer. Der eine war Franke, der Trainer. Nur Klinger hatte sich zu ihm gesetzt. Sie sprachen sehr leise und bemerkten Kelly erst, als sie nach den Getränken fragte. Franke musterte sie und sagte etwas auf Deutsch. Es klang nicht sehr freundlich. Mrs Scull, die das mitbekam, wies Doria an, von nun an den Tisch von Franke zu bedienen. Kelly war ihr dankbar dafür.
Nun wurde es Zeit, dass sich Kelly ihrer anderen, geheimen Aufgabe zuwendete. Sie wollte heute Abend den Weg zum Securityroom, dem ›Sicherheitsraum‹ des Hotels, herausbekommen. Er musste irgendwo im Keller des Hotels liegen. Doria hatte Kelly erzählt, dass dort die Leitungen der Videokameras zusammenliefen. Einmal hatte es bei der Einlasskontrolle eine Schlägerei gegeben und die Täter konnten spä-

ter aufgrund der vorhandenen Bänder gefasst werden. Vermutlich wurden die Videos in diesem abgesperrten Raum also eine Weile aufbewahrt, bevor sie wieder überspielt wurden.
Die drei Detektive wollten heute Abend außerhalb des Hotelgeländes auf Kellys Dienstschluss warten. Peter sollte dann am späten Abend den Vorstoß zum Securityroom wagen.
Kelly sah, wie Doria am Bestecktisch Gabeln und Messer holte. »Hi, Doria. Danke, dass du Franke bedienst.«
»Ist doch selbstverständlich. Er ist ja auch richtig sauer auf dich, weil du ihn enttarnt hast. Ziemlich dicke Luft hier, heute Abend.«
Kelly nickte. »Wie die Ruhe vor dem Sturm. Sag mal, Mr Schaffer hat bei mir eben einen guten Chianti bestellt. Den hole ich doch aus dem Weinkeller?«
»Wenn du einen guten suchst, dann ja. Nimm den ›La Vialla‹.«
»Weißt du, wo der Keller ist?«
»Klar, Kelly. Ich kann mitgehen und dir den Weinraum zeigen.«
»Nicht nötig, es ist ja genug zu tun hier oben. Ich will bloß wissen, wo er liegt, damit ich ihn nicht mit dem Securityroom verwechsle und noch irgendeinen Alarm auslöse.«
»Die Räume wirst du nicht verwechseln. Neben der Tür des Securityrooms ist ein Tastencode angebracht, der die Tür sichert. Der Weinkeller liegt genau gegenüber.« Dann lächelte Doria verschmitzt. »Interessierst du dich überhaupt mehr für den Weinkeller oder für den Securityroom?«
Kelly wurde rot und überging die Frage. »Danke, Doria. Ich bin in ein paar Minuten wieder da.«
Wenige Momente später durchschritt Kelly die schwere, ständig geöffnete Stahltür, mit Hilfe derer der Keller im Ernstfall in einen Atombunker verwandelt werden konnte. Sie machte das Licht an und stieg die Stufen hinunter. Am Fuß der Treppe gelangte sie in einen weiß getünchten Gang, der nach weni-

gen Metern nach links und rechts abzweigte. Der rechte Gang war der richtige: Auf beiden Seiten lag jeweils eine Tür, die rechte war eine Schiebetür aus Stahl. Neben ihr war eine Tastatur in die Wand eingelassen.
Kelly schlüpfte in den Weinkeller. Jetzt konnte nur der Zufall helfen. Vielleicht würde ja gleich jemand zu dem Securityroom gehen und den Code eintippen. Sie schaltete das Licht an und fand schnell die gewünschte Weinflasche. Dann löschte sie das Licht wieder und öffnete die Tür einen Spalt weit. Mit einem Auge konnte sie den beleuchteten Gang überblicken. Genau gegenüber war die Tastatur angebracht. Die Ziffern oder Zeichen waren aus der Entfernung allerdings nicht zu erkennen. Zwei, drei Minuten würde sie hier warten können, ohne dass es oben auffiel, überlegte Kelly. Doch nichts rührte sich. Die Zeit verstrich viel zu schnell.
Ich muss wieder hoch, dachte Kelly, schreckte jedoch im selben Moment zusammen. Schritte näherten sich. Hoffentlich waren es nicht Doria oder Mrs Scull, auf der Suche nach Kelly. Doch die Schritte waren schwerer. Jetzt konnte Kelly die Person erkennen. Es war Mr Burt, der Hotelchef. Er blieb vor der Tür zum Securityroom stehen. Kelly wagte kaum zu atmen. Unwillkürlich trat sie einen kleinen Schritt zurück in die Dunkelheit des Raumes. Burt blickte sich nach beiden Seiten um. Dann tippte er bedächtig mit dem Mittelfinger seine Kennung in die Tastatur. Ziemlich langsam, offenbar wollte er sich nicht vertippen. Kelly versuchte, sich die Reihenfolge einzuprägen. Oben Mitte, unten rechts, unten Mitte, oben links, wiederholte sie für sich. Die Schiebetür öffnete sich. Burt trat ein und verschwand. Sofort machte Kelly Licht und zog ihren Notizblock hervor. Oben Mitte, unten rechts, unten Mitte, oben links, so musste es gewesen sein. Dann trat sie leise auf den Gang und zog die Tür hinter sich zu. Sie wollte noch einen kurzen Blick auf die Tastatur werfen. Dafür musste die Zeit noch reichen. Doch da bemerkte sie eine Kamera, die direkt

über dem Weinkeller angebracht war und deren Auge genau auf die Tür zum Securityroom zielte.
Es blieb ihr also nichts anderes übrig, als zügig loszugehen. Im Vorbeigehen warf sie einen flüchtigen Blick auf die Tasten. Statt Ziffern waren dort Symbole angebracht. In der Mitte etwas Rundes, wie ein Ball. Netter Gag für ein Sporthotel, dachte sie. Da hörte Kelly schon Mrs Scull rufen. »Kelly, Kelly, sind Sie verschollen?«
»Ich komme«, erwiderte Kelly. »Ich habe den Wein nicht gleich gefunden. Es liegen so viele Sorten dort.«
»Beeilen Sie sich, Kelly«, sagte Mrs Scull, als Kelly oben war. »Sie können Doria nicht so lange allein lassen.«

Es war schon ziemlich spät am Abend und stockfinster. Kelly war immer noch nicht da. Langsam wurden die drei Detektive ungeduldig. Schließlich warteten sie bereits seit über einer Stunde. Bobs VW-Käfer hatten sie vorsichtshalber auf einem dunklen Waldparkplatz abgestellt, der in der Nähe der kleinen Kreuzung lag, von der die Stichstraße zum Hotel abbog. Der Plan sah vor, dass Justus zunächst bei Bob im Auto sitzen blieb. Peter war bereits ausgestiegen und die letzten paar hundert Meter durch den Wald zu Fuß gelaufen. Nun sollte er etwas abseits der Einfahrtskontrolle hinter Büschen in einer Erdmulde hocken und die Gegend im Auge behalten. Ganz in Schwarz gekleidet war er in der Dunkelheit kaum auszumachen.
»Vielleicht hätten wir doch einfach zu Mr Toll gehen sollen und ihn bitten, uns die Videos zu zeigen«, überlegte Bob nicht zum ersten Mal. Mit den Fingern trommelte er nervös auf dem Lenkrad herum.
Justus nahm seine Füße von der Fondabdeckung und sah Bob an. »Bob, wir haben es doch alles schon durchdiskutiert. Ich glaube nicht, dass die uns einfach so in ihren Sicherheitsbereich lassen würden. Warum sollten sie uns trauen? Und

außerdem sind wir auf eigene Faust doch meistens noch am besten gefahren.«
»Ja, ja.« Bob trommelte weiter auf das Lenkrad. »Du, dahinten tauchen Lichter auf«, sagte er plötzlich.
Justus drehte sich um. »Das muss Kelly sein!«
Die Lichter näherten sich. Kelly hielt direkt neben dem VW und sprang aus dem Kleinwagen, den ihr ihre Mutter für den Job geliehen hatte. »Hi, Justus! Ich hab es«, rief sie.
Justus gab sich einen Ruck, mühte sich aus dem Wagen und ging ihr entgegen. Kelly drückte ihm ein Blatt Papier in die Hand, auf dem sie die Lage der Videozentrale aufgezeichnet hatte. »Die Tür ist durch einen Tastencode gesichert. Die Kombination habe ich notiert.« Stolz blickte sie Justus an.
»Danke, Kelly«, sagte Justus. »Toller Service. Wirklich.«
»Viel Glück«, erwiderte Kelly. »Ich fahre dann. Ich muss ja morgen wieder in aller Herrgottsfrühe aufstehen. Grüßt Peter von mir!«
Kellys Auto entfernte sich. Justus ging um das Auto herum zu Bob, der das Seitenfenster heruntergekurbelt hatte. Ein Motorrad fuhr vorbei und bog in die Zufahrtsstraße zum Hotel ab. Sonst war alles ruhig. »Also dann«, sagte Justus zu Bob und schaltete seine Taschenlampe an. »In genau zehn Minuten startest du.«
Bob nickte. Justus joggte los.

# Der Katzenmensch greift an

Innerhalb von wenigen Minuten gelangte Justus durch den nächtlichen Wald in die Nähe des Hotelgeländes. Mit Hilfe des verabredeten Vogelerkennungsrufs fand er problemlos zu Peters Versteck.
»Na endlich«, begrüßte ihn Peter.
»Alles klar, Peter. Kelly hat den Plan gebracht. Irgendetwas Auffälliges hier?«
»Nichts. Keine Menschenseele. Außer dem Posten da hinten.« Justus überblickte das Gelände. Knapp hundert Meter entfernt stand das kleine Kontrollgebäude mit der Einlassschranke. Von dort aus führte die Zufahrtsstraße weiter zum Hotel. »Ein Motorrad müsste eben durchgefahren sein«, sagte er.
Peter schüttelte den Kopf. »Nein.«
»Na ja, egal. Vielleicht hat er sich verfahren und ist wieder umgekehrt.« Justus hielt Peter Kellys Zettel hin. Peter beleuchtete ihn mit der Taschenlampe und las vor: »›Lieber Peter! Ich habe alles vorbereitet. Das mittlere Fenster des Seminarraums ist nur angelehnt. Da kannst du ungestört rein. Der Videoraum liegt im Keller. Siehe meine Zeichnung. Auch den Tastencode habe ich dir aufgeschrieben. Hoffentlich stimmt er.‹ – Das hoffe ich allerdings auch«, murmelte Peter. »Sonst geht da bestimmt ein Höllenalarm los.« Er las weiter. »›Übrigens: ziemlich dicke Luft bei den Fußballern. Also, viel Glück und viel Erfolg! Kuss, Kelly. PS.: Vorsicht! Direkt gegenüber der Tür zum Securityroom ist eine Kamera angebracht. Lass dir einfach was einfallen.‹ – Hahaha!«, sagte Peter. »Fällt dir vielleicht was ein, Justus?«
Der Erste Detektiv schüttelte den Kopf. »Du musst jetzt aber los, Peter. Da hinten kommt schon Bobs VW!«
In der Tat waren die runden Lichter des Käfers durch die Bäume hindurch zu erkennen. Peter sah, wie Bob den Wagen

vor der Einlassschranke anhielt, ausstieg und zum Kontrollposten ging, um ihn in ein Gespräch zu verwickeln.
Justus nickte Peter zu. »So, jetzt ist der Wachmann abgelenkt. Wie besprochen: Lauf an der Rückseite des Häuschens vorbei auf das Hotelgelände. Die Dunkelheit wird dich schützen.«
»Aber ja doch, Erster Detektiv. Ich denke die ganze Zeit an nichts anderes.«
»Also los, zisch ab, und viel Glück!«
Peter setzte zum Sprung an. Doch plötzlich hielt Justus ihn am Arm fest. »Warte«, flüsterte er. Mit der anderen Hand wies er in Richtung Einlasskontrolle. Peter sah sofort, was Justus meinte. Er erstarrte. Da war ein weiterer Besucher. Ebenfalls ganz in Schwarz gekleidet glitt die Person schattengleich am Wachhaus vorbei. Gebückt, mit geschmeidigen, schnellen Schritten. Jetzt hatte die Gestalt bereits die Schranke passiert und huschte über den Rasen auf das Hotel zu.
»Verdammt, da ist uns einer zuvorgekommen!«, entfuhr es Peter. Er schaute hinüber zur Einlassstation. Bob war in das Gespräch mit dem Posten vertieft. Der Eindringling war jetzt vielleicht noch hundert Meter vom Hotel entfernt. Was hatte der nur vor? Und wer war es? Da fuhr Justus und Peter erneut der Schreck in die Glieder. Gleißend grelles Licht strahlte auf und ließ die Szenerie auf dem Rasen durch den leichten Nebel hindurch fast gespenstisch zu Tage treten.
»Ein Bewegungsmelder!«, sagte Justus. »Der Mann ist in einen Bewegungsmelder gelaufen und dadurch sind diese Flutlichter angegangen. Peter, sei froh, dass du da jetzt nicht auf dem Präsentierteller stehst!«
Der Eindringling stoppte und verharrte mitten auf dem Rasen. Schemenhaft zeichneten sich im hellen Gegenlicht seine Umrisse ab. Einen Moment lang geschah gar nichts, außer dass der leichte Nebel wie in Zeitlupe durch das Bild zog. Dann öffnete sich eine Tür des Hotels. Personen tauchten auf, Rufe durchschnitten die gespannte Stille. Der Mann in

Schwarz drehte sich um und rannte zurück. Doch als er aus dem Lichtkegel hinaus war, schlug er plötzlich einen Haken und wechselte die Richtung. Er lief nicht etwa auf das Kontrollhäuschen, sondern direkt auf den hohen Maschendrahtzaun zu. Wie will er da bloß herüberkommen, durchfuhr es Peter, der Zaun ist doch viel zu hoch.
Mit kurzen, aber kräftigen Schritten näherte sich der Mann dem Zaun. Dann sprang er. Er bekam die Oberkante zu fassen und wand sich herüber. Fast leichtfüßig sah es aus. Geschickt setzte der Mann auf der anderen Seite auf.
Peter und Justus erstarrten. Der Flüchtende lief direkt auf ihr Versteck zu. Die Detektive hatten keine Zeit mehr, zur Seite zu springen, schon jagte der Mann durch den Busch. Er verfing sich in Justus, der auf dem Boden kauerte, und flog vorwärts. Peter sah eine riesige, glänzende Wildkatzengrimasse auf sich zukommen.
Durch den Aufprall kippte er nach hinten über. Das Raubtiergesicht stieß einen zischenden Laut aus. Peter umklammerte den Gegner, doch elastisch entwand sich der schwarze Körper aus den nicht gerade schwachen Armen des Zweiten Detektivs. Da schoss Justus heran und stieß den Mann erneut zu Boden. Peter bekam ein Bein zu fassen und ließ es nicht los. Der Mann wiederum hatte jetzt den linken Arm von Justus fest im Griff. Justus starrte in die dunklen Augen, die über den Fangzähnen des Raubkatzengesichts funkelten. Mit seiner freien Hand versuchte er dem Mann die grelle Maske hochzuziehen. Doch mit einer unglaublich geschickten Drehung entging der Eindringling diesem Angriff. Dann stieß er mit seinem freien Bein kräftig gegen Peters Schulter. Peter ließ los. Der Mann war schon fast auf den Beinen, da bekam Justus einen Zipfel seiner Jacke zu fassen. Der Gegner schlug ihm gezielt auf das Handgelenk, Justus ließ ab. Geschmeidig sprang der Mann auf und verschwand zwischen den Bäumen.
Peter hielt sich die Schulter und atmete durch. Doch schon

blies Justus zum Aufbruch. »Lass uns bloß abhauen, Peter! Die vom Hotel tauchen bestimmt gleich auf. Die halten uns noch für den Einbrecher.«
Womit sie ja auch nicht ganz falsch liegen würden, ging es Peter durch den Kopf. Er griff nach einem Stück Papier, das am Boden lag, und umschloss es mit seiner Faust. Dann rannte er los. Die Schulter schmerzte. Er hörte, wie Justus hinter ihm schnaufte. Es war nicht mehr weit bis zum Parkplatz.

# Nichts wie weg!

Peter erreichte als Erster den verlassen im Dunkeln liegenden Parkplatz. Kurz nach ihm traf Justus ein. »Das ist ja voll danebengegangen«, begrüßte Peter den Ersten Detektiv, der merklich außer Puste war.
Justus blieb stehen und wischte sich den Schweiß von der Stirn. »Na ja, wie man's sieht«, sagte er knapp. Er blickte sich nach möglichen Verfolgern um. Doch niemand war zu sehen. Hinter ihnen im Wald schien alles ruhig.
»Da kommt hoffentlich keiner mehr«, sagte Peter. »Das Gestrüpp ist denen bestimmt zu dunkel.«
Justus nickte. »Wir sollten trotzdem im Wald bleiben, vielleicht machen die sich noch mit dem Auto auf die Suche. Und wenn sie uns dann finden, haben sie uns sicher im Verdacht. Zumal du ebenfalls vollkommen schwarz gekleidet bist, lieber Peter.«
»Hoffentlich kommt Bob bald und holt uns ab.«
»Wenn er das alles überhaupt mitbekommen hat.«
»Voll daneben, die Aktion«, wiederholte Peter provozierend.
»Nicht unbedingt. Ich glaube, wir sind einen Schritt weitergekommen. Wenn auch anders, als wir wollten. Sei nicht so entmutigt, Peter.« Justus klopfte Peter kameradschaftlich auf den Rücken.
»Au!«, schrie Peter und hielt sich die Schulter. »Das tut sauweh! Hier hat mir doch der Katzenmann voll draufgetreten!«
»Wusste ich doch nicht«, entschuldigte sich Justus. »Da hast du ja ein schönes Andenken mitbekommen. Ein Nachtgespenst war es also nicht.«
Peter setzte sich auf einen Baumstumpf. »Kann man wirklich nicht behaupten! Just, der Fall wird immer mysteriöser. Ein zerschnittenes Trikot mag ja noch ganz lustig sein, aber ein nächtlicher Katzenmensch, der meine Schulter attackiert, geht entschieden zu weit!«

»In der Tat wird die Sache unübersichtlich. Wir sollten mal überlegen, wie sich der maskierte Mann in unser Bild einfügt.«

»Ach, Just, du bist immer so herrlich cool. Ich denke, der Mann wollte ins Hotel eindringen und wahrscheinlich irgendeinen neuen Unsinn anstellen.«

Justus stimmte ihm zu. »Bloß welchen?«

»Vermutlich wieder eine DaElba-Geschichte.«

»Was wissen wir von dem Mann?«, fragte Justus.

Peter ahnte, dass Justus gleich selbst die Antwort geben würde und schwieg.

»Wir können vermuten«, dozierte Justus, »dass der Mann mit dem Motorrad gekommen ist, das ich vorhin bemerkt hatte und das bei dir nicht vorbeigefahren ist.«

Peter nickte, daran hatte er gar nicht mehr gedacht. »Aber wo ist er dann jetzt?«, fragte er erschrocken. »Ich habe kein Motorrad wegfahren hören.«

Nun war es an Justus, Peter zuzustimmen. »Richtig«, sagte er und senkte die Stimme. »Ich hoffe nicht, dass er hier noch irgendwo lauert.« Der Erste Detektiv blickte sich um. Die Dunkelheit zwischen den Bäumen war undurchdringlich. Äste knackten im Wald, doch das kam wohl von dem leichten Wind. Leise fuhr Justus fort. »Außerdem fielen mir seine ungeheuer gewandten Bewegungen auf.«

Peter zischte: »Und vor allem diese grässliche Maske! Ein aufgerissenes Maul, riesige Fangzähne. Justus, wenn der hier noch herumstreicht . . .«

»Es war doch nur eine Maske, Peter. Ein Tiger oder ein Gepard oder irgend so ein Tier.«

Justus schwieg und überlegte. Auch im Dunkeln sah Peter, wie er an seiner Unterlippe herumzupfte. Ein deutliches Zeichen, dass Justus an irgendeiner Theorie herumbastelte.

»Ha!«, rief Peter plötzlich in die Stille hinein. Justus zuckte zusammen. »Justus, vielleicht haben wir noch etwas«, mur-

melte Peter wieder mit gedämpfter Stimme. »Ich habe vorhin beim Kampf etwas zu greifen bekommen!«
»Mensch, hast du mich erschreckt«, sagte Justus bloß.
Peter wühlte in seinen Taschen herum. »Wo hab ich denn diesen blöden Zettel, ah, da!« Er musste das Stückchen Papier unbewusst in seine Jackentasche gesteckt haben. Jetzt zog er es heraus.
Justus hielt die Taschenlampe hin. »Das gibt es doch nicht«, flüsterte Peter. Es war der obere Teil einer zerrissenen Visitenkarte. Deutlich sahen die Freunde das Signet: eine Erdkugel. Business World stand kreisförmig drum herum.
»Business World«, wiederholte Justus. »Peter, nun sag noch einmal, es wäre alles danebengegangen.«
»Sag ich ja gar nicht mehr, Justus. Das ist genau das Signet, dass auf der Visitenkarte dieses Menschen stand, mit dem sich Julio nach unserem Gespräch im Strandcafé treffen wollte.«
»Und Kelly hat auch etwas von einer blauen Weltkugel erzählt. Sie hat das Zeichen auf einem Brief in Strassers Zimmer gefunden.«
»Das kann kein Zufall sein. Justus, die gehen massiv an die Spieler heran, um sie abzuwerben. Im großen Stil.«
Justus dachte nach. »Ich glaube, ich habe eine Idee«, murmelte er und schwieg.
Betont liebenswürdig flüsterte Peter: »Und hätte der Erste Detektiv die Gnade, seinem im Geiste etwas langsameren Hilfsdetektiv mitzuteilen, was es mit dieser Idee auf sich hat?«
Justus blickte sich erneut um. »Ich muss morgen etwas überprüfen. Wenn sich meine Vermutung bestätigt, werde ich den zwei ?? sofort mitteilen, worauf sie Kraft ihrer Intelligenz auch selbst hätten kommen können«, sagte er leise.
Peter wollte etwas entgegnen, als das unverkennbare Tuckern eines VW-Käfers hörbar wurde. »Bob, endlich«, murmelte er. »Nichts wie weg hier.«
Der Käfer hielt und Bob wollte aussteigen. Doch Peter hatte

schon die Beifahrertür aufgerissen und zwängte sich auf den Rücksitz. Justus nahm, ganz Erster Detektiv, demonstrativ ruhig neben Bob seinen Platz ein.
»Fahr schon«, drängte Peter.
»Immer mit der Ruhe. Mein alter Käfer ist kein Ferrari.«
Bob gab Gas und hörte sich staunend den Bericht von Justus und Peter an. Gerade als Peter von der Visitenkarte erzählte, überholte sie ein Motorrad. Als es auf gleicher Höhe mit dem Käfer war, wendete der Fahrer kurz seinen Kopf und blickte in den Wagen. Bob zuckte zusammen. Ein grelles Raubkatzengesicht starrte ihn an. Vor Schreck steuerte er auf den Straßengraben zu.
»Pass doch auf!«, rief Justus. Er zeigte auf das sich entfernende Motorrad. »Das ist er! Los, Bob, hinterher! Ich habe die Nummer nicht erkennen können!«
Doch so sehr Bob auch aufs Gaspedal trat, gegen das Motorrad hatte er keine Chance. Schon nach wenigen hundert Metern hatten sie es aus den Augen verloren. Also steuerte Bob Richtung Schrottplatz. Endlich wieder in ihrer ruhigen, sicheren Zentrale angekommen, ließen sich die Freunde erleichtert in die Sessel fallen.
Justus öffnete eine Familienflasche Coke. »Nun erzähl du mal, Bob«, sagte er und goss drei Gläser ein. Auch Peter hatte es sich bequem gemacht und die Beine über die Lehne geschlagen.
»Tja, Leute. Ich habe auch noch etwas Interessantes zu berichten. Ich lenkte den Wachposten ab und sah diese Lightshow. Zuerst habe ich mich ganz schön erschrocken, bis ich dann bemerkte, dass das ja gar nicht du warst, Peter. Der Wachmann wollte mich in dem nun folgenden Trubel loswerden und schickte mich ins Hotel. Dort hat mich Strasser aufgegabelt, der sich erinnerte, dass ich für die L.A. Post schreibe. Tja, und der teilte mir eine sehr interessante Neuigkeit mit.«

»Mach's nicht so spannend«, unterbrach ihn Justus.
Peter drehte die Augen zur Decke. »Los, Bob, spuck es aus.«
»Ihr lasst mich ja nicht! Also, Leute, haltet euch fest: Morgen um zehn findet eine Pressekonferenz statt, auf der verkündet wird, dass mit sofortiger Wirkung Trainer Jochen Franke beurlaubt ist. Er befindet sich bereits nicht mehr im Hotel!«
»Wow«, sagte Peter. »Ich hab es doch gesagt! Geschieht ihm recht, wo er Kelly so dumm angemacht hat.«
»Mit welcher Begründung wird er entlassen?«, fragte Justus kühl.
»Man schiebt ihm die DaElba-Geschichten in die Schuhe. Die Sprühdose und das alles. Er wollte DaElba wohl rausekeln, weil er zu viel von ihm wusste oder so. Strasser hat Andeutungen gemacht, Franke hätte gar keine richtige Trainerlizenz und er hätte mal Geld unterschlagen. Besser ein schneller glatter Schnitt, habe der Manager gesagt. Zu viel stehe auf dem Spiel.«
Justus und Peter waren einen Moment lang sprachlos. »Und nun, wer trainiert jetzt?«, wollte Peter schließlich wissen.
»Der Co-Trainer. Bis ein Nachfolger gefunden ist. Aber die haben wohl schon einen in Aussicht. Danach habe ich übrigens noch Klinger getroffen. Er war weniger gesprächig. Hat nur gesagt ›Kein Kommentar.‹ DaElba saß frustriert mit einem Bierglas herum und verschwand dann auf sein Zimmer.«
»Na, damit ist dieser Teil des Falles ja geklärt«, sagte Peter.
»Ich weiß nicht«, entgegnete Justus. »Wie erklärst du dir dann den Katzenmann?«
»Der hat mit Franke nichts zu tun. Der wollte vielleicht heimlich einen Spieler treffen, um ihn abzuwerben. Oder es war ein Handlanger Frankes. Klar ist jedenfalls, dass Franke hinter der Sache steckt. Denk nur mal an die Spraydose in seinem Zimmer. Und an diese seltsame Katzengeschichte Julios.«
»Das stimmt, Peter. Zumindest für diese Katzengeschichte

habe ich auch immer noch keine Erklärung. Aber vielleicht morgen. Du weißt ja, ich bastle an einer Theorie.«
Peter sah ihn bissig an. Bob wollte natürlich wissen, was Justus vorhatte. »Ich werde morgen nach Franke suchen«, erklärte Justus knapp. »Peter, kümmere du dich um Informationen über Business World. Und Bob, du gehst am besten auf die Pressekonferenz. Ich glaube, die Sache ist komplizierter, als wir denken.«
Bob stand auf. »Na, da hat unser Boss ja mal wieder alles entschieden!« Er klopfte Peter freundschaftlich auf die Schulter. Der schrie auf. »Au! Das tut sauweh!«
»Bob konnte das nicht wissen«, sagte Justus vermittelnd.

# Franke packt aus

»In was für einer Geschichte steckt ihr denn jetzt schon wieder drin?« Onkel Titus stand mitten in Justus' Zimmer und schaute seinen Neffen stirnrunzelnd an.
Justus schrak auf. Onkel Titus hatte ihn aus unruhigen Träumen gerissen, deren Bilder ihm noch deutlich vor Augen standen. Kurz vor dem Aufwachen hatten ihn grässliche Tierfratzen durch die Schule verfolgt und daran gehindert, pünktlich zum Unterricht zu erscheinen. So gesehen war Justus seinem Onkel durchaus dankbar, dass er ihn endlich aus dieser Geschichte befreit hatte. Er rieb sich die Augen. »Was meinst du, Onkel Titus?«, fragte er und richtete sich auf.
Onkel Titus nickte in Richtung Fenster. »Na, da steht ein Wagen vor unserem Einfahrtstor. Zwei Typen sitzen drin und beobachten das Gelände. Eine ganze Weile schon. So aalglatte, geschniegelte Jungs.«
Damit war Justus endgültig wach. »Keine Ahnung, was das soll! Meinst du wirklich, die haben es auf mich abgesehen?«
Onkel Titus blickte ihn kritisch an. »Lieber Justus, ist es jemals vorgekommen, dass hier unheimliche Besucher oder merkwürdige Beobachter aufgetaucht sind und nicht in irgendeiner Weise du dahinter gesteckt hast?«
»Nun ja, Onkel, wenn du so fragst . . .«
»Ich möchte dich jedenfalls warnen, Justus. Es ist ja nicht so, dass deine Tante Mathilda und ich dich nicht lieben würden. Pass bitte auf dich auf. Das betone ich besonders, nachdem ich in der Morgenzeitung auch noch das da gelesen habe.« Er zog ein Zeitungsblatt hervor und hielt es Justus unter die Nase. Justus griff danach und sah sofort, was Onkel Titus meinte: Sein Leserbrief über FUTURIO war heute in der Zeitung abgedruckt. Allerdings stark gekürzt, wie Justus enttäuscht feststellte.

»Die Zeitungsleute haben ja glücklicherweise nicht deinen vollen Namen darunter gesetzt«, sagte Onkel Titus. »Nur J.J., Rocky Beach. Aber das hat den Sektenleuten wohl ausgereicht, um deinen Wohnort herauszufinden.«
Justus war aufgestanden und blickte aus dem Fenster. Tatsächlich, auf der anderen Straßenseite vor der Einfahrt parkte ein silberner Chevrolet. Ein jüngerer Mann saß hinter dem Steuer und auf dem Beifahrersitz schraubte ein zweiter Mann gerade eine Kamera zusammen. »Du meinst, dass die Leute da draußen von FUTURIO sind?«
Onkel Titus nickte. »Dazu muss man ja nur eins und eins zusammenzählen. Immerhin habe ich ja ein bisschen von deiner Kombinationsgabe auch in meinen Familiengenen.«
Justus stöhnte. »Auch das noch. Eigentlich haben wir zur Zeit ganz andere Sachen im Kopf. Onkel Titus, ich verspreche dir, ich gehe denen aus dem Weg.«
Onkel Titus nickte. »Ich hoffe es. Und komm bald runter, Tante Mathilda hat ein köstliches Frühstück bereitet.«

Es kostete Justus nur ein paar Telefonate, bis er wusste, wo der entlassene Trainer abgestiegen war. Justus war an dem kleinen, etwas heruntergekommenem Hotel schon öfters vorbeigefahren. Es lag mitten in Rocky Beach, hatte aber keinen Strandblick und war oft die letzte Gelegenheit, in Rocky Beach noch ein Zimmer zu bekommen.
Justus verließ den Schrottplatz durch das geheime rote Tor, das die Detektive schon vor langer Zeit in den Seitenzaun des Geländes eingebaut hatten. So konnten ihn die Beobachter vor der Haupteinfahrt nicht sehen. Über eine Nebenstraße gelangte er unbemerkt zur nächsten Haltestelle. Dort wartete er auf den Bus, der ihn zu Frankes kleinem Hotel bringen sollte.

Der Portier war bezeichnenderweise nicht an seinem Platz. Justus beugte sich über die Theke und blätterte in der Gäste-

liste. Noch nicht einmal einen Computer gab es hier. Da stand es: Franke, Zimmer 21.
Justus stieg die Treppe hinauf und klopfte an die Tür. Gedämpft erklang Frankes Stimme: »Herein.«
Franke hatte nicht abgeschlossen, Justus trat ein. Franke saß in dem einzigen Sessel des kleinen Zimmers. Er sah nicht besonders glücklich aus. Die blonden Haare hingen ihm ungekämmt ins leicht gerötete Gesicht. Der Tisch neben ihm war leer, bis auf ein angebrochenes Sixpack Bier. Ein niederschmetternder Anblick. Wenn Franke tatsächlich unschuldig war, so hatte es ihn aber auch ganz schön heftig erwischt: Innerhalb von wenigen Stunden wurde aus dem Trainer eines der erfolgreichsten europäischen Fußballteams eine unerwünschte Person. Sein guter Ruf hatte ziemlichen Schaden genommen.
»Guten Tag, Mr Franke, mein Name ist Justus Jonas«, stellte Justus sich vor.
Franke blickte ihn aus wachen blauen Augen scharf an. »Ich erinnere mich nicht, dich schon einmal gesehen zu haben«, sagte er mit klarer Stimme. So fertig, wie Justus ihn im ersten Augenblick eingeschätzt hatte, war Franke offenbar doch nicht.
»Nein, das ist richtig. Mich nicht, aber Sie kennen meine Freunde: Bob Andrews, Mitarbeiter der L.A. Post, und Peter Shaw, Spieler der Rocky Beachboys, gegen die Ihre, äh, ehemalige Mannschaft ein Testspiel absolviert hat.«
Franke lächelte gequält. »Aha, wieder so eine Verschwörung, einer kennt den anderen . . .«
Justus horchte auf. »Verschwörung? Ja, wir sind Freunde, aber Verschwörung?«
Franke verzog den Mund. Es sollte wohl der Ansatz eines Lächelns sein. »Nimm es nicht so ernst. Aber was mir in den letzten Tage widerfahren ist, das kommt mir schon wie eine Verschwörung vor. Du hast es ja sicher über deinen Freund

von der L.A. Post mitbekommen. Erst werden Trikots zerschnitten und besprüht, dann wird wie aus heiterem Himmel mir die Schuld in die Schuhe geschoben und plötzlich weiß jeder eine schlechte Geschichte über mich. Ein Beweismittel wird mir untergeschoben. Und schon wenige Stunden später bin ich meinen Job los. Auch die Mannschaft hat sich sehr verändert. Von heute auf morgen wenden sich sämtliche Spieler von mir ab – bis auf Klinger. Es ist unfassbar!«
Justus nickte. »Das ist wirklich alles verdammt schnell gegangen.« Er spürte, dass Franke im Grunde froh war, endlich mit jemandem über sein Schicksal sprechen zu können. »Warum sind Sie denn noch hier in Rocky Beach, Mr Franke?«
Franke stand auf und räumte die Bierdosen weg. »Mein erster Impuls war in der Tat, sofort zurückzufliegen. Aber dann dachte ich, so schnell darf ich das alles nicht aufgeben, was ich beim 1. FC Borussia aufgebaut habe. Ich muss einfach wissen, was für eine Geschichte im Verein vor sich geht. Nur habe ich leider noch keine Ahnung, wie ich das herausbekommen soll.«
»Vielleicht kann ich Ihnen dabei helfen«, sagte Justus. »Aber vorher möchte ich noch zwei Punkte ansprechen. Stimmt es, dass Sie keine Trainerlizenz haben, Mr Franke?«
»Ach, diese Geschichte. Ja, es stimmt, ich habe noch keine. Aber es gibt viel berühmtere Fußballtrainer als mich, die ohne Lizenz trainiert haben. Denk nur mal an den ›Teamchef‹, mit dem Deutschland damals Weltmeister geworden ist. Ich war übrigens gerade dabei, den Schein nachzumachen, und die Vereinsführung wusste auch Bescheid. Nur für die Presse war es neu, und in dieser Situation ist es für die natürlich ein gefundenes Fressen.«
»Und der Vorwurf der Gelderunterschlagung?«
»Keine Ahnung. Irgendwie tauchte gestern in der Presse ein merkwürdiges Dokument auf. Es soll beweisen, dass ich beim Vereinswechsel eines Spielers heimlich an der Ablösesumme

mitverdient hätte. Ich habe eine Kopie dieser Quittung gesehen. Es war eine plumpe Fälschung. Aber bis die Wahrheit ans Licht kommt, ist die Geschichte hier längst gegessen.«
»Um welchen Spieler ging es denn damals?«, fragte Justus.
»Er spielt hier in eurer Nähe. Fred Zimmermann.«
»Zimmermann!« Justus erinnerte sich. Zimmermann spielte bei den L.A. Strikers, einer amerikanischen Fußballmannschaft, die den Durchbruch trotz teurer Zukäufe nie geschafft hatte. »Haben Sie nicht damals im Tausch einen anderen Spieler dafür bekommen?«, wollte Justus wissen.
»Richtig. Ich sehe, du kennst dich aus. Wir bekamen einiges an Geld und dazu noch Strasser, der vorübergehend in Amerika gespielt hatte.«
»Strasser!« Wie klein doch die Welt ist, dachte Justus. »Glauben Sie, dass Strasser etwas mit der Sache zu tun haben könnte?«
»Wenn du mich vor zwei Tagen gefragt hättest, hätte ich das strikt abgelehnt. Aber inzwischen halte ich fast alles für möglich.« Franke beugte sich vor. »Jetzt hast du aber viel gefragt, Justus Jonas, und dabei hoffentlich nicht vergessen, dass du mir helfen wolltest.«
Justus nickte. Franke hatte sehr offen und ohne zu zögern geantwortet. Justus schenkte ihm Glauben. Ohnehin verfolgte er die Theorie, dass Franke unschuldig war. Er zog eine Visitenkarte der drei ??? hervor und überreichte sie dem Trainer.
»Wir sind nämlich nicht nur Fußballfans und Journalisten, sondern in erster Linie Detektive. Und ich denke, wir können Ihnen vielleicht wirklich helfen.« Franke studierte erstaunt die Karte und Justus sprach weiter. »Wenn Sie es realistisch betrachten, haben Sie doch sowieso nicht mehr viel zu verlieren.« Franke sagte nichts, schien aber durchaus interessiert.
»Wissen Sie«, erklärte Justus, »es ist eigentlich wie im Fußball: Garantieren können wir den Erfolg nicht, aber wir kön-

nen versprechen es zu versuchen. Und auf einen engagierten Versuch folgt schließlich oft ein glückliches Ende.«
Justus' Worte lockten tatsächlich ein Lächeln auf Frankes Lippen. »Das hast du schön gesagt, Justus Jonas. Genau so ist es, ob im Fußball, bei der Detektivarbeit oder sonst im Leben.«
Justus nahm das Kompliment gerne an. Außerdem stellte er zufrieden fest, dass ihm seine Fähigkeit, sich auf andere Menschen einzustellen, wieder einmal sehr geholfen hatte. »Wir sind bereits voll im Einsatz«, berichtete er. »Zur Zeit haben wir zwei Leute im Hotel: Bob als Journalisten und Kelly Madigan, eine Freundin, als Zimmermädchen.«
Doch auf Justus' letzte Worte reagierte Franke entsetzt. »Kelly Madigan! Das ist doch dieses hinterhältige Mädchen, das die Farbspraydose in meinem Zimmer versteckt hat!«
»Langsam, Mr Franke. Nicht so schnell mit den Rückschlüssen. Kelly hat Sie nicht hereingelegt! Sie hat die Dose lediglich dort gefunden. Aber bedenken Sie doch mal die Möglichkeit, dass vorher ein Unbekannter in Ihrem Zimmer war. Wir glauben, Kelly sollte die Spraydose dort finden, um so ungewollt den Beweis Ihrer Schuld zu liefern.«
Franke nickte nachdenklich. Justus zog den Rest der Visitenkarte hervor, die sie gestern dem katzenhaften Einbrecher abgenommen hatten. »Kennen Sie dieses Symbol?«
Franke nahm den Papierfetzen in die Hand und betrachtete ihn verwundert. »Was ist das?«
»Das ist das Logo von Business World. Offenbar eine Wirtschaftsberatungsfirma. Wir haben den Verdacht, dass sie mit der Sache zu tun hat. Wussten Sie, dass Strasser Kontakte zu Business World hat?«
»Nein.« Franke gab Justus das Stück Papier zurück. »Vielleicht ist das eine Agentur, die Spieler für andere Vereine abwirbt«, vermutete er. »Strasser ist bei uns ein wichtiger Mittelfeldmann geworden.«
»Daran haben wir auch schon gedacht. Könnten denn Abwer-

bungsversuche von anderen Vereinen hinter den Vorgängen stecken?«
»Möglich wäre es, aber das wäre kein Fairplay mehr. Das wären sogar üble Fouls.«
»Welche Gründe können Sie sich noch vorstellen, Mr Franke?«
»Vielleicht Rache an mir ... allerdings wüsste ich nicht, warum. Ganz sicher wollte jemand einen Keil zwischen die Mannschaft und mich treiben.«
Justus nickte, steckte den Zettel wieder ein und wandte sich zur Tür, als ob er gehen wollte. Die letzte Frage sollte überraschend kommen. Ganz plötzlich drehte er sich noch einmal um: »Ach, eins noch, Mr Franke. Was war das eigentlich für eine Geschichte, die hinter der aufgesprayten Katze steckt?«
Franke lachte auf. »Katze? Mein Herr Detektiv, das war doch keine Katze! Das war ein Jaguar. Ich darf es eigentlich niemandem erzählen, aber jetzt ist es ja sowieso egal. Weißt du, Julio DaElba hat einen Bruder, Alberto. Als sie Kinder waren, nannte man sie die DaElba-Jaguare. Sie wuchsen im Urwald auf, haben dort viel zusammen erlebt und haben in allen Gefahren fest zusammengehalten.«
Gebannt hörte Justus zu. »Es war also ein Spiel von Kindern?«
»Ja, aber wohl ein sehr intensives: die beiden Jaguare auf Abenteuerjagd. Die Jaguare in Gefahr. Die Jaguare klettern von Baum zu Baum. Die Jaguare auf der Lauer. Die Jaguare fliehen vor Großwildjägern. Und so weiter. Sie erlebten ihre ganzen Kinderabenteuer im Zeichen des Jaguars.«
»Woher wissen Sie das so genau?«
»Julio hat es mir erzählt. Du musst wissen, dass sein Bruder inzwischen verschwunden ist. Er hat alle Beziehungen abgebrochen. Julio leidet sehr darunter.«
Justus nickte. Er wollte Franke nicht sagen, dass er diesen Teil der Geschichte schon kannte. Immerhin konnte er so noch einmal sicherstellen, dass Franke die Wahrheit sagte. Und bis-

lang stimmte die Erzählung des Trainers vollkommen mit der DaElbas überein. Justus fragte weiter. »Und nun wird ein Jaguar auf sein Sweatshirt gesprayt. Warum regt ihn das so auf?«

»Es ist eine verdammt merkwürdige Geschichte. Als Alberto älter wurde und sich von seinem kleinen Bruder lösen wollte, hing Julio wie eine Klette an ihm. Julio liebte seinen Bruder. Da zerschnitt Alberto ihm zur Warnung eines Tages die Kleider. Julio ließ dennoch nicht von ihm ab. Albertos letzte Botschaft war dann ein schwarz auf sein Auto gesprayter Jaguar. Er war mit einem großen Kreuz durchgestrichen. Ein Symbol mit starker Aussagekraft, zumindest für Julio. Es sollte so viel bedeuten wie: ›Deinen Jaguar gibt es nicht mehr. Das ist Vergangenheit. Kinderspielereien. Lass mich in Ruhe! Hau ab!‹ Julio war den Tränen nahe, als er es mir erzählt hat. Er hängt noch heute sehr an Alberto.«

Justus nickte. »Dann hat ihn das erneute Auftauchen dieser Symbole sicher sehr getroffen. Und natürlich hat er geglaubt, dass Sie dahinter stecken, weil Sie als Einziger die Bedeutung dieser Zeichen kennen. Das Seltsame ist nur: Wenn Sie es nicht waren, woher wusste der große Unbekannte von der Jaguargeschichte? DaElba hatte sie doch nur Ihnen erzählt.«

»Das weiß ich natürlich nicht mit Sicherheit. Ich weiß nur, dass er sie auch mir erzählt hat. Hier in Rocky Beach. Wir unterhielten uns darüber, dass viele Brasilianer der Fußballliga zu spät aus der Winterpause zurückkehren, weil sie von zu Hause, von Brasilien nicht loskommen. So kamen wir auf seine Freunde, seine Familie. Er erzählte und erzählte. Wir hatten ja bis vor kurzem ein gutes und vertrauensvolles Verhältnis, Julio und ich. Ich war seine Ansprechperson hier im Verein. Aber warum sollte er lügen? Julio ist nicht der Typ dazu. Er ist nie hintenherum. Wenn er behauptet, er habe die Geschichte von seinem Bruder bei Borussia nur mir erzählt, dann stimmt das sicherlich auch.«

Justus dachte einen Moment lang nach. »Wo haben Sie denn mit Julio darüber gesprochen, Mr Franke?«
»Es war in meinem Zimmer. Und es war absolut niemand sonst bei uns oder in der Nähe, wenn du darauf hinauswillst. Ich kann es mir nicht erklären.«
»Danke, Mr Franke. Sie haben uns sehr geholfen. Ich hoffe, wir können uns revanchieren. Wir haben doch ihren Auftrag?«
Franke nickte ihm zu. »Klar, gerne. Was nehmt ihr eigentlich als Honorar?«
»Nichts«, sagte Justus und schüttelte zum Abschied Frankes Hand.
Wir sind einen großen Schritt weiter, dachte er, als die Tür zu Frankes Zimmer hinter ihm ins Schloss fiel.
Er lief die Treppe hinunter und erblickte den Portier, der inzwischen wieder an seinem Platz war und in einer Zeitung las. Sein Äußeres erinnerte Justus an einen guten alten Bekannten. Es war ein etwas älterer Mann, eher fülliger Statur, ein großer Kopf mit Halbglatze, herunterhängenden Wangen und Augenlidern, einem Cockerspaniel nicht ganz unähnlich. Der könnte glatt als Bruder von Alfred Hitchcock durchgehen, überlegte Justus amüsiert.

# Der Besuch des Jaguars

Zurück nahm Justus ebenfalls den Bus. Am Himmel zogen sich dunkle Wolken zusammen. Wind kam auf. Justus beeilte sich, damit er noch vor dem sich ankündigenden Regen nach Hause kam. Als er in die Seitenstraße neben dem Schrottplatz einbog, um durch das rote Tor unbemerkt auf das Gelände zu gelangen, kam ihm der silbergraue Chevrolet mit den zwei Männern entgegen. Schnell duckte sich Justus hinter ein parkendes Auto und wartete, bis der Wagen vorbeigefahren war. Seine Bewacher hatten also den Posten aufgegeben. Trotzdem wählte Justus vorsichtshalber den Geheimweg. Dass es keine übertriebene Maßnahme war, zeigte sich, als Justus die Vorhänge seines Zimmers etwas beiseite schob und nach draußen blickte: Statt des silbergrauen Chevrolets stand nun ein blauer BMW vor dem Tor, in dem ebenfalls zwei jüngere Männer saßen. Es war also nur Zeit für die Wachablösung gewesen. Justus ging zum Telefon und wählte Peters Nummer. Peter nahm sofort ab.
»Ich bin es, Justus.«
»Hi, Justus. Los, erzähl schon! Warst du bei Franke? Und lässt du nun endlich deine ultrageheime Theorie raus?«
»In der Tat, ich sehe jetzt viel klarer, Peter. Treffen wir uns alle am besten möglichst schnell in unserer Zentrale. Aber beeil dich, gleich setzt ein Platzregen ein.«
»Hier scheint noch die Sonne, ich komme mit dem Fahrrad.«
»Wie du meinst. Ach, und noch etwas: Benutz am besten das rote Tor. Der Schrottplatz wird überwacht.«
»Überwacht?«
»Wahrscheinlich von FUTURIO. Wegen meines Leserbriefs. Soll uns erst mal nicht stören, solange die nur da unten herumstehen.«
»Na, ich weiß nicht!« Peter klang erschrocken.

Justus ging nicht darauf ein. »Ich werde noch Bob Bescheid sagen. Also bis gleich.«
»Okay. Über Business World habe ich übrigens noch nichts herausbekommen. Ich habe aber Bobs Vater bei der Zeitung angerufen. Er hat einen neuen Kollegen in der Wirtschaftsredaktion und den will er heute mal drauf ansprechen.«
»Gut gemacht, Peter! Die Zeitungsleute wissen vermutlich am meisten. Also dann bis gleich!«
Justus tippte auf den Unterbrechungsknopf und wählte dann Bobs Nummer. Die gestelzte Stimme von Bobs Vater auf dem Anrufbeantworter empfing ihn. Bob war also noch nicht von der Pressekonferenz zurück. Justus sprach seine Botschaft auf Band. Dann ging er noch einmal in sein Zimmer und blätterte einen Stapel alter Tierposter durch. Schließlich fand er, was er gesucht hatte: ein Bild mit einem Jaguar. Zufrieden rollte Justus es zusammen. Eilig verließ er das Haus und lief über den Hof zum Campingwagen. Der Wind hatte noch einmal zugelegt. Die ersten Regentropfen fegten ihm entgegen.
Justus stieg in den Campingwagen und befestigte das Poster des angriffslustigen Jaguars neben einem der Fenster. Als er gerade den Klebefilm in die Schublade zurücklegen wollte, klingelte das Telefon. Es war Mrs Seven, seine Geschichtslehrerin. »Einen guten Tag, Justus. Entschuldige bitte, dass ich dich so überraschend in den Ferien anrufe.«
»Kein Problem, Mrs Seven. Haben die Reifenstecher mal wieder zugeschlagen?« Die drei ??? hatten sich vor nicht allzu langer Zeit vergeblich darum bemüht, einen Mann dingfest zu machen, der Autoreifen aufgestochen hatte.
Mrs Seven lachte. »Nein, darum geht es nicht. Ich habe einen merkwürdigen Anruf erhalten, über den ich dich gerne sofort informieren möchte. Es war ein anonymer Anrufer, vor wenigen Minuten. Er hat behauptet, dass du in der Schule deine Mitschüler erpressen würdest. Sie sollen dir Geld geben, dich bei Arbeiten abschreiben lassen und ähnliche Dinge.«

»Aber, Mrs Seven, Sie wissen doch zu gut, dass . . .«
». . . du ein astreiner, ehrlicher Detektiv bist«, vollendete die Lehrerin den begonnenen Satz. »Natürlich. Ich glaube dem Anrufer ja auch kein Wort. Ich wollte dich nur informieren. Irgendjemand will dich anschwärzen.«
Justus kombinierte blitzschnell. »Mrs Seven, ich glaube, ich weiß, was dahinter steckt. Lesen Sie einmal die Leserbriefseite der L.A. Post von heute. Ich habe dort einen Brief über eine Sekte veröffentlicht. Vermutlich werde ich nun zu deren Zielscheibe.«
»Das kann gut sein, Justus. Umso mehr solltest du auf dich aufpassen. Du weißt, du kannst dich immer an mich wenden, wenn du Hilfe brauchst.«
»Danke, Mrs Seven. Vielen Dank.«
Justus hängte ein. Was ihn beunruhigte, waren nicht so sehr diese hinterhältigen, anonymen Beschuldigungen, als vielmehr die Tatsache, dass seine Gegner offenbar genau über ihn informiert waren. Die kannten bereits seine Lehrerin. Die Sache schien eine Dimension zu bekommen, die einen großen Teil seiner Kraft vom Fußballfall abzuzweigen drohte.
Inzwischen prasselte der Regen kräftig gegen die Fensterscheibe. Justus hörte ein entferntes Donnern. Ein Wintergewitter ist im Anzug, wie passend, dachte er. In dem Moment klopfte es an die Tür des Campingwagens. Justus blickte durch das Fenster und erkannte Peter. Schnell öffnete er seinem Freund. Peter sah aus, als käme er aus einer Autowaschanlage. Die nassen Haare klebten an seinem Kopf und die Jacke war vollkommen durchweicht. »Peter, komm rein und wring dich aus!«
»Das Wetter hat mich voll erwischt! Das ist ja fast schon finstere Nacht hier draußen.« Peter schlüpfte in den Wohnwagen und warf die nassen Klamotten über einen Stuhl. Dann ging er zum Periskop. Ähnlich wie in einem U-Boot konnte man dadurch die Umgebung rund um die Zentrale beobachten.

»Meinst du mit den Aufpassern die beiden adretten Jungs da in dem blauen BMW?«, fragte er.
»Ja. Das ist schon die zweite Schicht. Vorher waren es zwei Typen in einem Chevi.« Justus berichtete von Mrs Sevens Anruf.
Peter reagierte aufgebracht. »Justus, wenn die Ärger machen, lassen wir den Fußballfall sausen. Wir helfen dir. Gemeinsam werden wir mit denen schon fertig!«
Der Erste Detektiv reagierte wie üblich gelassen. »Danke, Peter. Aber warten wir's erst mal ab.« Gemächlich stand er auf, löste das Jaguarplakat von der Wand und rollte es zusammen.
Peter sah ihm stirnrunzelnd zu. »Was bezweckst du eigentlich mit diesem alten Tierposter? Bist du inzwischen auch ein Jaguarfan geworden?«
Es klopfte erneut an der Türe. »Ich glaube, da kommt Bob«, sagte Justus, ohne auf Peters Frage einzugehen.
Bob trat ein, zog die Regenjacke aus und erzählte, dass er kurz nach Justus' Anruf zu Hause eingetroffen war und sich gleich auf den Weg gemacht hatte. Von der Pressekonferenz gab es nicht viel mehr zu berichten, als sie bereits wussten. Die deutschen Journalisten waren in heller Aufregung. Außerdem war ein neuer Trainer angekündigt worden. Obwohl noch kein Name genannt wurde, war klar, dass er bereits in Rocky Beach die Mannschaft übernehmen sollte.
»Offenbar ist man daran interessiert, schnell neue Tatsachen zu schaffen«, schloss Justus.
Peter fuhr sich mit der Hand durch die immer noch nassen Haare. »Justus, jetzt bist du aber dran. Wie steht's um Franke?«
»Schlecht«, sagte Justus und referierte kurz das Gespräch. »Ich glaube, er war ehrlich und Julio DaElba gegenüber sogar sehr fair. Ich denke, er ist reingelegt worden.«
Peter reagierte weiterhin skeptisch. »Okay, das mit der Spray-

dose in seinem Zimmer, das könnte vielleicht eine Falle gewesen sein. Aber was ist mit dieser Jaguargeschichte? Nur er konnte davon wissen. Hast du inzwischen eine Antwort darauf?«

»Ja, die habe ich. Es ist so einfach, dass ich mich wundere, dass ihr noch nicht darauf gekommen seid.«

Peter und Bob blickten sich fragend an. Draußen gab es einen gewaltigen Donnerschlag. Der Regen peitschte gegen die Außenwand.

»Peter, flüstere Bob doch mal von dem Plakat zu, das hier gehangen hat«, forderte Justus den zweiten Detektiv auf. »Ganz leise, ich brauche es nicht zu hören.«

»Was soll das, Justus? Ein Spiel?« Aber Peter beugte sich folgsam zu Bob und flüsterte.

»Nun?«, sagte Justus. »Bob, stell dir vor, du seist Franke. Peter, du bist Julio DaElba. So. Und wer weiß nun alles von dem Plakat?«

»Bob und ich, also Franke und DaElba«, sagte Peter.

Bob schlug sich mit der Hand an die Stirn. »Klar doch! Dass ich nicht früher darauf gekommen bin! Justus, du natürlich auch. Denn du hast es ja aufgehängt. Dann bist du in diesem Rollenspiel Alberto, Julios Bruder. Der wusste es logischerweise schon immer.«

Justus grinste zufrieden. »Genau so ist es mit der Jaguargeschichte. Und genau das war auch meine Theorie. Es musste ja vermutlich noch Leute geben, die die Geschichte von früher her kennen. Hinzu kam die auffällige Maske des nächtlichen Eindringlings gestern. Eine Raubkatze. Und denkt nur mal an seine katzenhaften Bewegungen. Ich habe gleich eine Verbindung zu dem gesprayten Motiv vermutet, und als mir Franke die Bedeutung des Katzensymbols erklärte, war mir klar: Julios Bruder muss hier sein! Und er ist der Jaguar von gestern Nacht. Ich sage euch: Das war Alberto!«

Peter nickte. »Bravo, Justus. Klingt sehr einleuchtend. Nur,

dass du so eine Show inszenieren musst, damit wir das begreifen, das sehe ich nicht ein.«
»Just braucht manchmal ein bisschen Bestätigung«, bemerkte Bob feixend. »Damit wir nicht vergessen, dass er der Erste Detektiv ist.«
In diesem Moment gab es erneut einen ohrenbetäubenden Donnerschlag. »Das Gewitter muss jetzt direkt über uns sein«, sagte Justus. »Aber war da nicht auch noch ein Scheppern zu hören, gleichzeitig mit dem Donner? Es klang, als ob der Blitz in den Schrott eingeschlagen hätte.«
Auch Bob hatte so etwas bemerkt. Er sprang auf und ging zum Fenster. Als er direkt vor der Glasscheibe stand, schrie er entsetzt auf. Etwa ein, zwei Sekunden lang starrte er von Angesicht zu Angesicht in die durch einen Blitz grell erleuchtete Maske des Jaguars. Dann war die Maske wieder verschwunden.
Auch Peter und Justus waren aufgesprungen. Erschrocken lauschten sie jetzt auf die merkwürdigen Geräusche. Sie kamen vom Dach. Polternde Schritte oder Sprünge. Dumpfe Schläge. Blechteile schepperten. Dazwischen Schreie. Es musste eine ganze Bande von Menschen sein. Bleich war Bob in den Sessel gesunken. Schweigend verfolgte er die unheimliche Szene. Da wollte ihnen jemand ans Leder. Sie saßen in der Falle. Auch Peter und Justus waren wie erstarrt.
»Das ist ja der Horror da draußen«, rief Peter endlich. In dem Moment erzitterte der untere Teil des Periskops. Scheinbar wurde es von harten Schlägen getroffen. Peter eilte hinüber, um sich einen Überblick zu verschaffen. »Mist, man sieht nichts mehr!«, entfuhr es ihm. »Lasst uns bloß schnell durch den Geheimgang abhauen.«
Das brachte wieder Leben in Bob. Er sprang auf und öffnete die Falltür zu dem Geheimgang, der vom Campingwagen in die Werkstatt führte. Die drei Detektive hatten ihn lange nicht mehr benutzt, aber in letzter Zeit wieder auf seine Funkti-

onstüchtigkeit geachtet und die darin verstauten, alten Akten entsorgt. »Nichts wie raus hier!«
Als Erster war Justus mit einer erstaunlichen Wendigkeit im Tunnel verschwunden. Bob und Peter wollten sich gegenseitig den Vortritt lassen. Da krachte es erneut über ihnen. Peter glitt in den Tunnel, dann Bob, der ruckartig die Luke hinter sich schloss.

# Schmutzige Hände

Der Wellblechtunnel führte von der Zentrale aus direkt in die benachbart gelegene, überdachte Freiluftwerkstatt. Eine Zeit lang war Justus viel zu dick gewesen, um den Tunnel noch benutzen zu können. Während Bob vorwärts robbte, dachte er mit Schrecken daran, was passiert wäre, wenn Justus seine Fülligkeit nicht wieder etwas abgebaut hätte. Justus wäre unweigerlich stecken geblieben. Er hätte ihnen den Fluchtweg regelrecht verstopft. Bei dieser Vorstellung brach Bob der Schweiß aus. Es war schon verdammt eng hier. Was, wenn die Klappe am Ende des Tunnels nicht aufging? Hatte Onkel Titus nicht gestern wieder irgendwelche Eisenstücke herumgeschoben? Dann würden sie rückwärts in den Wohnwagen zurückkriechen müssen. Die Luft wurde immer stickiger. Bob versuchte angestrengt, an etwas anderes zu denken. Vor ihm fluchte Peter. Das Gewitter hatte solche Wassermassen freigesetzt, dass die ersten Rinnsale in den Tunnel eindrangen. Und das Wasser konnte schnell mehr werden. Auch das verbesserte Bobs Gemütslage nicht. Endlich hörte er, wie Justus die Klappe im Werkstattboden hochstemmte und ein leichter Luftzug in die Röhre hereindrang. Nicht mehr ganz so sauber, wie Justus eingestiegen war, kletterte er aus dem Tunnel hinaus. Eine gelegentliche Reinigung hätte nicht geschadet, dachte er und half Bob und Peter beim Aussteigen. Sie klopften sich gegenseitig einige Spinnweben ab.
Durch den geglückten Ortswechsel kehrte bei den drei Detektiven der Mut zurück. Justus griff sich ein Auspuffrohr. »Los, Freunde! Nutzen wir die Überraschung! Hier vermutet uns keiner. Fangen wir uns den Jaguar!«
Bob sah ein altes rostiges Schwert herumliegen und Peter schnappte sich in der Eile eine Säge. Mit einem Schrei, der

auch im Gewitter deutlich vernehmbar war, sprangen die drei ??? unter dem Dach hervor.
Von Hagel durchsetzter Regen peitschte ihnen entgegen. Die drei Detektive brauchten einen Moment, um sich zu orientieren. Vom Dach ihres Campingwagens aus starrten sie drei Männer überrascht an. Am nächsten kauerte der schwarze Mann mit der Jaguarmaske, er hatte einen alten Kotflügel in der Hand. Am anderen Ende des Daches standen zwei weitere unangenehme Bekannte: Es waren die geschniegelten Bewacher aus dem blauen BMW. Mit Entsetzen bemerkte Peter, dass einer von ihnen den oberen Teil ihres Periskopes in der Hand hielt, das er offenbar zuvor abgebrochen hatte. Das ging entschieden zu weit. Peter umklammerte den Griff seiner Säge. »Hinauf!«, schrie er in Angriffslaune. Sogar seine schmerzende Schulter hatte er für einen Moment vergessen. Bob und Justus schritten ebenfalls vorwärts. Doch da nahm der Jaguar als Erster Reißaus. Geschickt schwang er sich vom Campingwagendach über die Mauer auf die Straße und war aus dem Blickfeld der drei Detektive verschwunden. Die zwei BMW-Typen blickten ihm kurz nach, schauten wieder auf die drei Jungs und traten dann ebenfalls den Rückzug über die Mauer an. Bei ihnen sah es nicht annähernd so elegant aus, doch auch von ihnen war schlagartig nichts mehr zu sehen.
Als Erster nahm Peter die Situation in die Hand und lief in Richtung Eingangstor, um die Männer zu verfolgen. Justus und Bob rannten hinterher. Doch als die drei Detektive das Eingangstor des Schrottplatzes erreichten, war die Straße bereits wie leer gefegt. Von einem blauen BMW keine Spur.
»Das war ein glasklarer Angriff auf unsere Zentrale«, rief Peter und rieb sich die Schulter. »Aber was hat der Jaguar mit den Männern von FUTURIO zu tun?«
Justus schob die Freunde zurück in Richtung Campingwagen. Wie gefährlich die Situation gewesen war, wurde ihm nun langsam bewusst.

Auch Bob war bleich. »Wir haben uns ganz schön blöd benommen«, sagte er zu Justus.
Der nickte. »Ziemlich risikoreich, zumal wir unten standen und die oben.«
»Aber wir habe sie doch in die Flucht geschlagen«, rief Peter. »Wie beim Fußball: Manchmal gewinnen eben auch die Kleinen! Und unser Tunnel hat sich wieder einmal gut bewährt.« Er war immer noch in Siegeslaune.
Inzwischen waren sie wieder in ihrer Zentrale angelangt.
»Es sollte bestimmt eine Warnung sein«, überlegte Justus. »Wir stochern mittlerweile zu tief in der Geschichte herum.«
»Es gibt also eine Verbindung zwischen dem Jaguar und FUTURIO«, nahm Bob den Faden wieder auf.
Justus stimmte ihm zu. »Klar. Erinnert euch doch mal an das, was Julio Peter erzählt hat. Sein Bruder Alberto hat sich damals mit neuen Freunden getroffen, sich zunehmend abgekapselt. Das klingt doch gerade so, als hätte er sich einer Sekte angenähert.«
»Diese Leute brechen fast immer den Kontakt zu ihrer Familie und ihren Freunden ab«, sagte Bob. »Die Sekte will das, und die Leute, die sich ihr öffnen, wollen es zunächst auch.«
Justus stimmte ihm zu. »Ja, je isolierter die neuen Mitglieder sind, umso stärker sind sie zu beeinflussen. Und auch die Abhängigkeit von den neuen Freunden wächst. Die alte Umgebung wird zum Feindbild.«
Das Wasser tropfte von den Kleidern der Detektive. Große Lachen bildeten sich zu ihren Füßen. Gedankenversunken starrte Peter einem Rinnsal nach, das sich langsam in Richtung Tür schlängelte. »Die ganze Geschichte vom Verschwinden Albertos ist einige Jahre her«, überlegte er. »Alberto könnte inzwischen ein hohes Tier bei FUTURIO sein.«
»Und er könnte eine Art Kommandotruppe anführen, die irgendetwas von den Fußballern will«, spann Bob den Faden

weiter. »Und wir sind ihm im Weg. Wir sollten Julio fragen, ob es die FUTURIO-Organisation war, in die sein Bruder damals eingetreten ist.«
»Und irgendwie ist da noch Business World mit im Spiel«, überlegte Justus. »Rufen wir noch mal bei deinem Vater an, Bob.«
Bob verstand dies als Aufforderung und ging zum Telefon. Zum Glück hatte es den Gewitterdurchzug heil überstanden. Doch Bobs Vater wusste keine aufregenden Neuigkeiten zu berichten. »Business World ist eine ganz normale, angesehene Personalvermittlungsfirma«, fasste Bob die Informationen seines Vaters zusammen. »Otchy Jones, der Kollege meines Vaters, weiß nichts Auffälliges, schon gar nichts von einer Verbindung zu FUTURIO. Und der kennt sich wohl ziemlich gut aus.«
Justus zog die Augenbrauen zusammen. »Hm. Es wäre auch zu schön gewesen.« Die Auskunft gefiel ihm nicht.
Ein Wagen fuhr im Hof vor. Peter stand auf und schaute durch das Fenster. Es war das Auto von Kellys Mutter. Kelly wirbelte heraus, gefolgt von einem Mädchen mit lockigen braunen Haaren. Der Regen hatte inzwischen fast ganz aufgehört. Kelly und das andere Mädchen sprangen über einige größere Pfützen. Dann betraten sie den Campingwagen und betrachteten fasziniert die Wasserlachen. »Hat es hier reingeregnet?«, fragte Kelly gespielt naiv.
»Spuren von unserem Frühjahrsputz«, sagte Justus trocken. »Den Rest wollten wir gerne dem Zimmerservice überlassen.«
Kelly lachte. »Da sind wir ja gerade rechtzeitig gekommen. Das hier ist nämlich Doria, meine Kollegin aus dem Sporthotel.«
Doria nickte zur Begrüßung. »Ihr seid also die drei Ausrufungszeichen!«
»Fragezeichen«, sagte Justus verkniffen. »Kelly hat dir also erzählt...«

»... dass ihr Detektive seid, ja. Wir kommen gut miteinander aus, Kelly und ich. Du bist wohl Justus? Bob habe ich ja schon im Hotel gesehen.« Mit kaum versteckter Neugier musterte sie dann Peter. »Dann bist du Peter, Kellys Freund?«
Peter nickte und bemerkte, dass Justus mit Mühe seine Wut unterdrückte. Er hasste es, wenn andere Menschen unnötigerweise in ihre Detektivarbeit eingeweiht wurden.
Es entspann sich ein kurzes Wortgeplänkel zwischen Peter und Doria, das Justus jedoch bald barsch unterbrach. »Hast du sonst noch Fragen, Doria?«
»Soll das ein Rauswurf sein?«, mischte sich Kelly ein.
»Tut mir Leid, wir Detektive müssen noch einige interessante Fakten sortieren«, antwortete Justus zwar etwas freundlicher, doch ohne Widerspruch zu dulden.
»Dann will ich die drei Herren Ausrufungszeichen nicht weiter beim Ventilieren ihrer Probleme stören«, sagte Doria ruhig und wandte sich zur Tür. »Ich muss sowieso bald zur Arbeit ins Hotel fahren.« Kelly folgte ihr kommentarlos. Bob und Peter blickten den beiden Mädchen hilflos hinterher.
»Du kannst manchmal ganz schön ruppig sein«, sagte Bob zu Justus, als sie wieder allein waren.
Justus ging nicht darauf ein und blätterte in dem in der Zentrale aufgestellten Scriptboard, bis er zu einer freien Seite kam.
»Wir machen eine Bestandsaufnahme«, verkündete er. »Es gibt einige Ungereimtheiten. Ich möchte einmal alles aufschreiben.« Justus nahm sich einen dicken Filzstift. »Erstens: Mr Toll. Wir haben ihn verdächtigt. Aber wenn er tatsächlich zu Business World gehört, warum muss dann Alberto, wenn er ebenfalls dazugehört, nachts im Hotel einbrechen? Oder Toll hat nichts mit der Sache zu tun.« Justus schrieb den Punkt auf.
»Zweitens: Alberto«, sagte Peter. »Wenn er zu FUTURIO gehört, dann hat die Organisation wohl auch etwas mit Business World zu tun. Das legt die Visitenkarte nahe. Warum sagt

dann der Kollege von Bobs Vater, da gäbe es keinen Zusammenhang?«
Justus nickte und notierte den Punkt. »Vielleicht weiß Business World gar nicht, dass er in der Sekte ist«, überlegte er. Dann nickte er Bob aufmunternd zu.
Bob nahm die Aufforderung an. »Drittens: Business World. Was wollen die? Spieler abwerben? Arbeiten sie für die Konkurrenz und wollen den Verein schwächen?«
»Vielleicht gibt es keinen Zusammenhang zwischen Business World und FUTURIO«, überlegte Peter. »Und vielleicht ist Alberto gar nicht dort eingetreten.«
»Das wäre wieder eine Antwort auf Punkt zwei«, sagte Justus. »Nicht aber auf Punkt eins. Und außerdem: Warum macht Alberto dann zusammen mit den FUTURIO-Leuten so einen Terror auf unserem Campingwagendach?«
Bob zuckte mit den Achseln. »Vermutlich ist Business World ja wirklich eine ganz normale Firma«, sagte er.
»Und wie Alberto an deren Karte gekommen ist, ist ja völlig offen. Er kann sie gefunden haben. Dann hat die Katzengeschichte um Julio und Franke damit gar nichts zu tun. Vielleicht will sich nur irgendjemand an dem Trainer rächen.«
Justus notierte eifrig mit. »Ja, Franke«, murmelte er. »Den Trainer wollte man loswerden. Aber wer steckt dahinter? Am Ende sogar der Vereinsmanager selbst?« Peter blickte nach draußen. Die Sonne schien bereits wieder und das Regenwasser verdampfte vom warm werdenden Teer. »Wir können jetzt das kaputte Periskop vom Dach holen«, sagte er. »Die Angreifer haben es ja ganz schön zugerichtet.«
Justus blätterte die Seite um. »Ach ja, unsere geheimnisvollen Bewacher«, sagte er und schrieb auf: »Warum wurde ich bereits überwacht, als der Leserbrief gerade erst erschienen war? Es standen ja nur meine Initialen darunter.«
Die drei Detektive überlegten noch eine ganze Weile hin und her. Doch die Widersprüche ließen sich nicht lösen. »Wie

auch immer, wir müssen uns die Videobänder anschauen«, sagte Justus. »Sie können uns weiterhelfen. Sollen wir uns die Hände schmutzig machen und heimlich eindringen, oder sollen wir doch Mr Toll um seine Hilfe bitten?« Justus blickte in die kleine Runde.
»Nein, das auf gar keinen Fall!« Bobs Antwort kam so plötzlich und entschieden, dass Justus und Peter ihren Freund erschrocken ansahen.
»Mr Toll steckt mit drin!«, rief Bob. »Zumindest in der Katzengeschichte. Ich glaube, ich weiß jetzt, wie bei dem Besuch in der Umkleidekabine die schwarzen Flecke an meine Hand gekommen sind!«

# Die Detektive gehen in die Offensive

»Los, raus mit der Sprache!«, drängte Peter seinen Freund. »Warum bist du dir plötzlich so sicher, dass Toll seine Finger da mit drin hat?«
Bob lächelte. »Justus hat es eben selbst gesagt: ›Die Hände dreckig machen‹. Toll und ich haben uns doch in dem Gang zu den Umkleidekabinen die Hände geschüttelt. Er muss frische schwarze Farbe an seiner Hand gehabt haben! Und das ist bestimmt beim Besprayen des Sweatshirts passiert! Vielleicht hat er mich gehört und das hat ihn erschreckt. Auf jeden Fall erklärt sich so auch die Position der drei schwarzen Flecken an der rechten Seite meines Handrückens. Die Farbe muss an den Fingern seiner rechten Hand gewesen sein.«
»Das ist in der Tat ein starkes Verdachtsmoment«, sagte Justus. »Wenn es sich so verhält, spielen sich hier vielleicht wirklich zwei unabhängige Geschichten ab. Die Katzengeschichte um Mr Toll und die Geschichte um Alberto. Wir müssen unbedingt mehr über Albertos Vergangenheit herausfinden. Am besten befragen wir noch einmal Julio. Und gleichzeitig kann sich Peter den Sicherheitsraum vornehmen, um nach klärenden Bildern zu suchen.«
Justus griff zum Telefon, er wollte Franke anrufen. Vielleicht konnte der ehemalige Trainer den einzigen Spieler, der noch hinter ihm stand – nämlich Klinger – überreden, mit einem Auto zu ihm zu kommen. In seinem Kofferraum könnte er Peter dann ungesehen auf das Hotelgelände fahren.
Peter war nicht begeistert von der Idee. »Fällt dir nichts anderes ein, Just? Immer diese Kofferraum-Aktionen! Ich kenne wirklich angenehmere Orte!«
Justus war nicht von seinem Plan abzubringen. »Es geht doch nur um die kurze Strecke durch die Einlasskontrolle.«
Peter gab nach. »Na gut, okay.«

»Außerdem kommen wir mit meinem VW ebenfalls zum Hotel«, ergänzte Bob. »Um Julio zu sprechen und dir Rückendeckung zu geben.«
»Wenn wir den Wagen nehmen, werden uns die Überwacher folgen«, gab Justus zu bedenken. »Wir fahren besser mit dem Fahrrad!«
»Aber da hängen sie uns doch erst recht auf den Fersen!«
»Nicht, wenn wir einen kleinen Umweg durch den Fußgängerbereich nehmen und die Räder die Malibutreppe hochtragen«, grinste Justus.
Bob fand die Idee exzellent. »Dann täuschen wir sie sogar in der Richtung und fahren über die kleinen Waldwege hoch zum Hotel!«
»Wusste gar nicht, dass ihr so sportlich seid«, kommentierte Peter etwas neidisch. Er stand auf. »Ich schau mal nach, ob unsere Freunde überhaupt schon wieder da sind.«
Peter verschwand auf den Hof. Kurze Zeit später tauchte er wieder auf. »Zwei neue Typen, diesmal mit einem roten Chevi. Die müssen einen ganzen Fuhrpark haben.«
»Na, dann los«, sagte Justus und griff zum Telefon. Er wählte Frankes Nummer. Franke hob nach dem zweiten Klingeln ab. Er war offenbar erfreut, von Justus zu hören. Justus fragte den Trainer, ob er den Lautsprecherknopf der Telefons drücken dürfe, damit die zwei anderen Detektive mithören konnten. Franke hatte nichts dagegen. »Habt ihr schon etwas herausgefunden?«, wollte er wissen.
Justus bejahte und erzählte von ihrem Verdacht gegenüber Mr Toll und Alberto.
Franke war überrascht. »Jetzt, wo du es sagst, erinnere ich mich, dass uns Mr Toll sehr bedrängt hat, in sein Hotel zu kommen. Er hat uns einen wirklich guten Preis gemacht. Aber ich kann mir nicht vorstellen, was er mit diesen Dingen bezweckt. Ich sehe kein Motiv.«
»Es ist bisher auch nur ein Verdacht, Mr Franke. Den Beweis

hoffen wir mit Ihrer Hilfe noch zu finden. Können Sie sich vorstellen, dass Ihr Vereinsmanager mit Toll unter einer Decke steckt und Sie als Trainer loswerden wollte?«
»Nein, das würde mich sehr wundern. Es war eher so, dass er sich unheimlich schwer getan hat mich rauszuwerfen. Aber er ist ein unsicherer Typ. Die scheinbaren Beweise gegen mich waren zu stark. Ihr müsst verstehen, bis vor kurzem war der 1. FC Borussia noch ein unauffälliger kleiner Verein, völlig unprofessionell geführt. Und jetzt müssen die einfachen Leute von früher plötzlich mit dem Big Business klarkommen.«
»Und Klinger, kann man sich auf den verlassen?«
»Unbedingt. Er ist der Einzige, der noch zu mir hält. Ich habe gerade vorhin mit ihm telefoniert. Er hat mich angerufen, denn überraschenderweise soll die Mannschaft bereits morgen das Hotel verlassen. Der neue Trainer will, dass wieder Ruhe im Team einkehrt. Heute Nachmittag gibt es darüber noch eine Besprechung.«
Justus wechselte einen bedeutsamen Blick mit seinen Freunden. »Der neue Trainer ist also schon da? Und der will schon morgen mit allen abreisen? Dann ist ja wirklich höchste Eile angesagt.« Er erläuterte Franke ihren Plan. Dieser war sofort einverstanden.
»Aber passen Sie auf, dass Sie bei ihrem Telefonat mit Klinger nichts verraten«, warnte Justus. »Man weiß nie, wer mithört. Und wenn Toll wirklich dahinter steckt, sollte er nicht wissen, dass wir ihm auf der Spur sind.«
»Okay«, sagte Franke. Er wollte in einer halben Stunde zurückrufen. Zeit genug für die drei Detektive, im Internet noch einer anderen Frage nachzugehen: dem Wechsel Fred Zimmermanns zu den L.A. Strikers. Justus warf den Computer an. Unter Zimmermann und Fußball gab es mehrere Einträge, meist Zeitungsartikel. Justus wählte natürlich den der L.A. Post.

Der Text bestätigte die Aussagen Frankes. Die Strikers hatten sich hohe Ziele gesetzt und deshalb einige talentierte Spieler aus Europa und Südamerika gekauft. Auch der Trainer wurde ausgewechselt. Spieler, die nicht ins Spielsystem des neuen Trainers Cortes passten, wurden laut Artikel abgegeben. So auch Strasser. In Fred Zimmermann erhoffte man sich einen neuen Mittelfeldstar.

»Fred hat es dann nicht geschafft«, erinnerte sich Peter. »Überhaupt hat die ganze Mannschaft versagt. Die Zusammenkäufe harmonierten nicht. Heute spielt der Verein keine Rolle mehr. Wir hätten vor anderthalb Jahren bei einem Vorbereitungsturnier sogar mal fast gegen sie gespielt, aber dann sind wir doch vorher ausgeschieden.« Peter grinste. »Damals waren wir noch nicht so gut wie heute.«

»Ich erinnere mich«, sagte Justus. »Zu dem Zeitpunkt hatte dieser Cortes die Mannschaft aber auch schon wieder verlassen. Ist er nicht nach Argentinien gegangen?«

»Ich glaube, so war es«, sagte Peter. »Du, steht da eigentlich irgendwas über Probleme beim Geldtransfer?«

»Nein.« Justus fand nichts. Auch in den anderen Artikeln suchte er vergeblich nach Hinweisen.

Das Telefon klingelte und Justus griff zum Hörer. Es war Franke, der mitteilte, dass Peter in einer halben Stunde bei ihm abgeholt werden konnte. Justus gab die Information an Peter weiter. Dieser stand sofort auf und wartete darauf, dass Justus das Gespräch beendete. Doch der wollte von Franke noch etwas wissen. »Eine Frage noch. Sie haben mit Klinger doch bestimmt darüber gesprochen, wer der neue Trainer ist?« An Justus' Gesichtsausdruck sahen Peter und Bob, dass die Antwort überraschend war.

# Ein Begegnung im Dunkeln

Weit hinter sich hörte Bob den ersten Detektiv kräftig schnaufen. Die Radfahrt aufwärts durch die waldige Gegend machte ihm zu schaffen. An einem kleinen Wiesenstück hielt Bob an und wartete auf seinen Freund.
»Es war eine blöde Idee, mit dem Fahrrad zum Hotel zu fahren«, ließ sich Justus vernehmen, als er mit dem letzten Schwung neben Bob zum Stehen kam.
»Es war deine Idee, Justus«, erinnerte Bob grinsend. »Und es war eine gute Idee. Ich muss jetzt noch lachen, wenn ich daran denke, was für Gesichter die zwei Männer gemacht haben, als wir zwischen all den Fußgängern mit den Fahrrädern auf dem Rücken die Treppenstufen hochgelaufen sind.«
Justus schmunzelte und setzte sich auf einen Felsbrocken.
»Stimmt. Und sie sich wünschten, sie säßen in einen Geländewagen mit Allradantrieb, mit dem sie einfach hätten hinterherfahren können.«
»Aber es war leider nur ein langweiliger Chevi . . .«
» . . . gerade mal gut genug für den Highway.« Zufrieden lehnte sich Justus zurück. Es war sonnig, aber der Wind kühlte angenehm. »Ich überlege die ganze Zeit herum«, murmelte er nach einer Weile, während sich seine Hand zielsicher Richtung Unterlippe bewegte.
»Wegen Cortes? Ein merkwürdiger Zufall, dass ausgerechnet der ehemalige Trainer der L.A. Strikers jetzt der neue Trainer des 1. FC Borussia geworden ist.«
»In der Tat sehr merkwürdig. Ich bekomme das alles nicht zusammen. Im Gegenteil, unsere Spuren scheinen sich immer mehr auszuweiten. Wir bekommen Hinweise über Hinweise. Und immer wieder tauchen dieselben Namen auf. Es ist, als hätten wir allmählich viel zu viele Informationen. Der Fall ist sozusagen überkomplex.«

»Ein schönes Justus-Wort, Just.« Bob blickte auf den Weg, der vor ihnen lag. »Hoffentlich geht bei Peter alles gut. Er müsste jetzt im Hotel sein. Komm, Just, lass uns weiterfahren.«
Doch Justus blieb sitzen. »Da ist noch ein zweites Problem.«
»Was denn?«
»Der Überfall der FUTURIO-Leute auf unsere Zentrale. Irgendetwas kommt mir daran merkwürdig vor.«
Bob nickte. »Ich habe auch eben daran gedacht. Eigentlich hätten sie eine Botschaft hinterlassen müssen. Irgendeine Warnung, dass wir uns da raushalten sollen oder so.«
Justus stimmte ihm zu. »Aber noch etwas ist an dem Überfall nicht stimmig. Ich komme einfach nicht drauf. Am besten, ich denke zwischendurch mal an etwas anderes.«
Bob war das recht. »Dann konzentrieren wir uns jetzt auf Peter. Er ist wirklich sehr mutig. Trotzdem sollten wir ihn nicht zu lange allein lassen.«
»Stimmt, Bob.« Justus stand auf und schwang sich mit neuer Energie auf sein Fahrrad.

Klinger stellte den Wagen rückwärts vor dem Fenster seines im Erdgeschoss liegenden Zimmers ab. Er ließ die Kofferraumhaube angelehnt und ging ins Hotel. Zwei Minuten später öffnete sich sein Zimmerfenster. Klingers Kopf tauchte auf. Die Luft schien rein. »Okay«, zischte er leise. Der Kofferraumdeckel klappte hoch. Peter kletterte heraus und drückte ihn vorsichtig zu. Aus den Augenwinkeln sah er, dass in einiger Entfernung eine Person aus dem Hotel trat. Schnell hatte Peter die kurze Distanz zum Fenster überwunden und sich über die Fensterbank in den Raum geschwungen. Hoffentlich hatte ihn niemand beobachtet. Klinger war schon wieder verschwunden.
Peter öffnete die Tür zum Gang einen Spaltweit. Er war sich gar nicht sicher, ob er hier überhaupt auffallen würde. Aber etwas riskieren und vielleicht sogar dem neuen Hauptver-

dächtigen, Mr Toll, in die Arme laufen wollte er auf gar keinen Fall. Erst wenn er im Videoraum Beweise gefunden hätte, wollte er sich an Mr Burt, den Hotelchef, wenden und ihm erklären, was sein Marketingmanager für dunkle Geschäfte trieb. Von alldem ahnte Burt wahrscheinlich nichts.
Der Gang war leer und Peter trat hinaus. Doch er kam nur wenige Meter weit, da hörte er bereits Schritte. Schnell griff er nach der nächstgelegenen Türklinke. Er hatte Glück, die Tür ließ sich öffnen. Peter glitt in den Raum und zog die Tür leise hinter sich zu. Wo er sich befand, konnte er nicht ausmachen, denn es war stockfinster in dem Raum. Peter brauchte einen Moment, um wieder ruhig zu atmen. Auf was hatte er sich da bloß eingelassen. Die Person draußen ging vorbei. Mit einem Mal lief es ihm kalt den Rücken herunter: Er war nicht allein in der Dunkelheit. Da war noch jemand, er hörte einen fremden Atem. Ganz leise zwar, doch deutlich vernehmbar. Nicht mehr als zwei, drei Meter entfernt. Seine Hand tastete die Wand entlang. Wo war nur die Tür? Er fand stattdessen einen Lichtschalter. Peter ging leicht in die Knie. In Angriffsstellung. Er war auf alles gefasst. Dann nahm er seinen Mut zusammen und schaltete das Licht ein.
»Peter!« Die Erleichterung auf der Gegenseite war mindestens so groß wie auf seiner. Doria stand kaum zwei Armlängen von ihm entfernt und atmete jetzt hörbar durch. Den Kopf hielt sie leicht gesenkt, so dass ihre braunen Locken das Gesicht fast verdeckten.
Peter schaute sie an. »Was machst du denn hier?«, fragte er.
»Ich habe etwas gesucht«, stotterte Doria.
»Heimlich?« Peter blickte sich um. »In der dunklen Wäschekammer?«
»Na ja, es war eigentlich so ... ich wollte ein bisschen herumspionieren. Ich habe mich eben anstecken lassen, von eurer Detektivarbeit. Weißt du, ich habe als Kind viele Detektivgeschichten gelesen. William Arden und so.«

»Wem warst du denn auf der Spur?«
»Cortes. Der neue Trainer. Ich habe ihm vorhin einen Drink auf sein Zimmer gebracht und dabei einen Brief entdeckt, den ich mir jetzt noch einmal genauer ansehen wollte. Er trägt ein Symbol, das ich woanders schon mal gesehen habe. Und als ich gerade auf dem Weg in sein Zimmer war, da hörte ich Schritte.« Sie lachte, inzwischen hatte sie sich wieder gefangen. »Und das waren deine. Aber jetzt erzähl du mal, großer Detektiv: Habt ihr eure Theorien erfolgreich durchdiskutiert?«
Peter konnte Dorias leicht provozierenden Unterton verstehen. Justus hatte sie ja ziemlich deutlich hinauskomplimentiert. »Tut mir Leid wegen vorhin!« Peter setzte ein charmantes Lächeln auf. »Ich fand es auch nicht sehr nett von Justus. Aber du musst ihn verstehen. Wenn wir an einem Fall dran sind, hat er für nichts anderes Sinn.« Er schmunzelte. »Und für Mädchen keine Augen. Aber oft hat uns Justus gerade dadurch entscheidend weitergebracht.«
»Ist in Ordnung, Peter.« Doria strich sich eine Haarsträhne hinters Ohr. »Aber sag mal, bist du alleine hier? Du hast noch gar nicht gesagt, was du hier überhaupt vorhast?«
Peter erklärte Doria in groben Zügen von seinem Plan.
Sie nickte. »Wenn du ungesehen in den Securityroom kommen willst, helfe ich dir gerne. Und du hast Glück. Der Raum müsste im Moment leer sein. Mr Burt geht selten dort rein. Sicherheit ist Mr Tolls Aufgabe. Und der ist vor kurzem weggefahren. Man weiß allerdings nie, wann er wieder zurückkommt.«
Doria prüfte, ob der Gang frei war. Dann leitete sie Peter geschickt in Richtung Keller. Sie kamen durch die Küche, in der ein Hilfskoch dabei war, das Abendessen vorzubereiten.
»Hi, Jack«, begrüßte Doria ihn. »Das ist Peter, ein Freund von mir, der hier mal ein Praktikum machen will. Hast du was Nettes für zwischendurch?«

Grinsend schob Jack einen Korb Erdbeeren rüber und Doria nahm sich ein paar. »Danke!« Sie steckte Peter eine Erdbeere in den Mund. »Kleine Wegzehrung für die bevorstehenden Abenteuer«, sagte sie leise.
Schließlich erreichten sie den Kellerabgang. Doria wollte das Licht einschalten, doch Peter hielt sie zurück. »Lass es aus! Vor der Tür ist eine Kamera, deren Bild möglicherweise zum Portier oder zur Einlasskontrolle übertragen wird.«
»Weißt du denn überhaupt die Kombination der Tastensicherung?«
»Ich hoffe schon. Sonst wirst du vermutlich gleich die Alarmanlage hören ...«
»Na denn: Viel Glück!«
Peter verschwand im Dunklen. An den Wänden tastete er sich die Treppe abwärts. Den von Kelly aufgemalten Plan hatte er genau im Kopf. Jetzt sollte es um die Ecke gehen und da war auch schon die Stahlschiebetür. Gegenüber musste die Kamera sein. Peter ertastete sie. Hoffentlich kommt jetzt niemand in den Keller und macht das Licht an, murmelte er. Wenigstens den Koch hielt Doria ab. Peter hörte gedämpft, wie sie munter miteinander herumflachsten.
Aus seiner Jackentasche zog Peter ein dickes Klebeband hervor. Mit dem Taschenmesser schnitt er mehrere kurze Streifen ab. Dann begann er das Objektiv der Kamera in mehreren Schichten zu überkleben. Schließlich griff er nach seiner Taschenlampe und leuchtete hoch. Erleichtert atmete er auf. Diese Kamera übertrug jetzt ganz sicher nur noch tiefste Schwärze.
Peter holte Kellys Zettel mit der Tastenkombination aus seiner Jackentasche und wandte sich wieder der Stahltür zu. Der Strahl seiner Taschenlampe fand schnell die Tastatur. Erstaunt sah er, dass sie nicht aus Zahlen, sondern aus Symbolen bestand. Links oben ein Dollarzeichen, dann eine Waage, ein Fernsehschirm, ein Ball, eine Art Sheriffstern, eine Leier ...

Doch am meisten erstaunte Peter das Symbol der großen Taste in der Mitte der Tastatur. Es war ihm wohl bekannt. Auf der Taste war die blaue Erdkugel, das Logo von Business World, zu sehen.
Peter schossen mehrere Gedanken durch den Kopf, die alle nur auf einen entscheidenden Punkt hinausliefen: Dieses Hotel musste Business World gehören! Eine Spielerei, die verräterisch war, zumindest für einen Detektiv auf heißer Spur. Doch dann hatten die anderen Symbole sicherlich auch eine Bedeutung. Natürlich, die Waage bedeutete Justiz. Dollar vielleicht Finanzen oder Banken? Eule könnte für Wissen stehen, Wissenschaft. Stern? Stern für Sheriff? Sicherheit? Polizei? Ball selbstverständlich für Sport. Und Business World stand in der Mitte, als zentrales Symbol, das alles verbindet. Peters Knie wurden weich. Was für einer Geschichte waren sie da auf der Spur? Oder gab es gar keine Geschichte? Auf alle Fälle konnte der Securityroom weiterhelfen. Zitternd drückte Peter die Tasten. Oben Mitte, unten rechts – so stand es auf Kellys Zettel – dann unten Mitte, und schließlich oben links. Das Logo von Business World leuchtete kurz auf. Die Schiebetür glitt mit einem leisen Surren zur Seite.

# Das Gesichts des Jaguars

Peter trat ein. Fast lautlos schloss sich die Tür hinter ihm. Er stand in einem länglichen Raum, der nur schwach beleuchtet war. Umso stärker stach ihm das bläulich strahlende Logo von Business World ins Auge, das an der gegenüberliegenden Seite in die Wand eingelassen war. An der rechten Seitenwand flimmerten oberhalb einer großen Schalttafel drei Bildschirme. Auf einem erkannte Peter die Einlasskontrolle vor dem Hotel. Der zweite Bildschirm übertrug eine Perspektive aus dem Empfangsraum beim Portier. Auf dem dritten entdeckte Peter einen Blick entlang des Zauns. Der vierte und der fünfte Bildschirm waren dunkel, einer davon gehörte vielleicht zu der von Peter zugeklebten Kamera.
Peter blickte sich um. Linker Hand standen einige größere Regale, die mit Videokassetten bestückt waren. Peter ging hin und sah sich die Videos genauer an. Aus den aufgeklebten Ordnungskürzeln wurde er nicht schlau. Er wandte sich wieder um. Nur ruhig bleiben. Er musste schnell, aber auch konzentriert arbeiten. Peter lief hinüber zu den Bildschirmen. Unter ihnen waren auf einer Tafel verschiedene Regler und Knöpfe angebracht. Peter entschied sich für einen der dunklen Bildschirme und sah sich die Instrumentarien genau an. Dann drückte er den roten Knopf und ließ ein zufriedenes Seufzen vernehmen. Der Bildschirm leuchtete auf. Im ersten Moment wollte Peter nicht glauben, was er sah. Der Fernsehschirm zeigte eins der Gästezimmer, und zwar von innen! Auch dort waren also Kameras versteckt! Dann waren die Zahlentasten, die auf dem Schaltpult in eine Art Gebäude- und Zimmerplan eingelassen waren, vermutlich die Zimmernummern. Peter drückte nacheinander mehrere dieser Tasten. Es war unglaublich. In jedem Zimmer befand sich eine Kamera. Zurzeit waren die Räume verlassen. Die Spieler saßen alle im

Speiseraum. Nun war plötzlich auch klar, wieso Julios Jaguargeschichte weitere Mitwisser haben konnte. Franke und DaElba hatten sich in einem der Zimmer unterhalten, während hier unten jemand das Gespräch einfach abgehört und aufgezeichnet hat.
Peter drückte die 17. Das musste, so hatte Kelly erzählt, Julios Zimmer sein. Das Zimmer erschien auf dem Bildschirm. Es war aus der Kameraperspektive fast vollständig sichtbar. Unwillkürlich musste Peter grinsen. Julio gehörte nach Kellys neuem Ordnungssystem eindeutig zu den eher unordentlichen Leuten. Während Peter die herumliegenden Kleider betrachtete, fiel ihm plötzlich eine leichte Veränderung des Lichts auf. Irgendeine Person musste sich in Julios Zimmer befinden, vermutlich am Fenster. In dem Moment trat der Schatten ins Bild. Peters Blick wurde starr. Es war der Katzenmann. Unbewusst griff sich Peter an seine Schulter. Er sah, wie die Jaguarmaske direkt vor der Kamera auftauchte. Der Mann rückte sich die Maske zurecht. Dann posierte er regelrecht vor der Kamera, stützte die Arme in die Hüften, drehte sich langsam, das Gesicht immer Peter zugewandt. Konnte Alberto ihn auch sehen? Peter erschrak. Doch dann wurde ihm klar, dass sich die Kamera hinter einem Spiegel befinden musste. Mit einem Ruck zog der Jaguar seine Maske ab, fuhr sich durch die Haare und grinste ins Bild. Die Ähnlichkeit Albertos mit Julio war frappant, wenn auch das Gesicht Albertos etwas älter und schmaler wirkte. Alberto drehte sich um, ging zum Bett und legte die Maske auf Julios Kopfkissen.
Nun machte er Anstalten, das Zimmer zu verlassen. Peter blickte auf den Grundriss der Schalttafel. Julios Zimmer lag an einem Flur, dem auf dem Plan ebenfalls eine Kamera zugeordnet war. Peter drückte die entsprechende Taste. Er war jetzt so fasziniert von seiner Entdeckung, dass er nicht mehr auf die Zeit achtete. Der Gang wurde sichtbar. Gerade ging Doria vorbei, Peter lächelte. Als sie verschwunden war, öffnete sich

Julios Zimmertür und Alberto schlich heraus. Mit heißem Kopf verfolgte Peter ihn auf seinem Weg durch das Hotel, indem er auf die jeweiligen Kameras schaltete. Ab und zu verschwand Alberto in blinde Bereiche, aber Peter fand ihn immer wieder. Was war sein Ziel? Es war offensichtlich, dass Alberto nicht entdeckt werden wollte. Mehrfach versteckte er sich. Jetzt bewegte er sich auf den Kellereingang zu. Plötzlich wurde es Peter siedend heiß. Der wollte doch wohl nicht in den Securityroom kommen! Zitternd schaltete Peter auf die Kamera im Keller. Doch das Bild blieb blind. Peter selbst hatte die Kamera außer Kraft gesetzt.
Schnell schaltete er den Monitor aus. Wo sollte er sich bloß verstecken? Ein unverzeihlicher Fehler, dass er sich nicht gleich nach einer Fluchtmöglichkeit umgesehen hatte. Peter hörte ein Geräusch an der Tür. Er entschied sich für das hinterste Regal. Keine Sekunde zu früh, denn genau in diesem Moment glitt die Tür auf. Alberto stand im Raum.
Einen Moment lang blickte er sich suchend um. Peter stand regungslos hinter dem Regal, das ihn nicht vollständig verbarg. Jetzt nur nicht entdeckt werden! Die Tür schloss sich wieder. Endlich schritt Alberto auf das blau leuchtende Zeichen von Business World zu. Peter atmete durch und beugte sich leicht nach vorne. Er sah, wie Alberto auf zwei in die Erdkugel eingelassene Punkte drückte, die Peter für Stadtmarkierungen gehalten hatte. Das Logo schwenkte auf. Ein kleines in die Wand eingelassenes Regal kam zum Vorschein, in dem einige Videokassetten lagen. Alberto prüfte ihre Aufschriften und entschied sich dann für eins der Bänder. Dann ließ er das Logo wieder in seine Halterung einrasten.
Gerade als Alberto die Kassette in die Anlage einlegen wollte, hörte Peter ein leichtes Scharren im Gang. Alberto hatte es offenbar auch wahrgenommen, denn er suchte am Monitor das Bild der Außenkamera. Doch der Bildschirm blieb schwarz. Peter wusste, warum.

Dann glitt die Tür auf. Peter bemerkte, wie Alberto die Videokassette unauffällig in einen Papierkorb fallen ließ. Mr Toll kam herein, begleitet von zwei Männern, die ihre Waffen sofort auf Alberto richteten.
»Haben wir dich endlich, du Verräter«, ließ Toll seine scharfe Stimme vernehmen. »Tut mir Leid, mein Freund, aber jemand hat dich ins Fenster einsteigen sehen.«
Peter hoffte sehnlichst, dass die Männer den Raum möglichst schnell wieder verließen. Besonders sicher fühlte er sich in seinem Versteck nicht. Einer der beiden Begleiter Tolls lief jedoch zum Schaltpult, um es zu untersuchen.
»Komm«, rief ihn Toll zurück. »Viel kann er noch nicht angerichtet haben. Bringen wir den Verräter weg!« Der Mann wandte sich zum Ausgang und folgte den anderen hinaus. Sanft schloss sich hinter ihnen die Schiebetür.
Lang werden die nicht wegbleiben, dachte Peter. Die Situation war äußerst unübersichtlich. Dass Toll Alberto abgeführt hatte, überraschte den zweiten Detektiv. Er gab sein Versteck preis und fischte die Kassette aus dem Papierkorb. Auf ihr musste die Lösung sein.
Mit ein paar Griffen legte Peter das Band ein und schon erschien auf einem der Fernsehmonitore das Bild. Ein kahl wirkender Raum tauchte auf, offenbar ein Sitzungszimmer. In der Mitte stand ein Tisch. Zwei Personen betraten die Szenerie. Peter erkannte sie sofort: Toll und Mr Burt. Sie setzten sich an den Tisch und sprachen leise miteinander. Peter konnte es nicht verstehen. Dann tauchte eine weitere Person auf: Alberto. Nach einer knappen Begrüßung wurde Alberto aufgefordert, gegenüber von Toll und Burt Platz zu nehmen.
Toll eröffnete das Gespräch. »Alberto, wir freuen uns, dass du gekommen bist, um uns, der Division Sport, zu helfen. Wir wissen, du hast viel erreicht in deiner Division Wirtschaft. Aber im Grunde arbeiten wir doch alle für unsere gemeinsame Muttergesellschaft Business World. Egal, in welcher Divi-

sion. Wir alle haben doch das gemeinsame, das große Ziel, die Erde von dem Ungeist zu reinigen. Und die Zentren der Macht in allen wichtigen Bereichen zu besetzen: die Schaltstellen der Politik und der Kultur, der Justiz und der Wirtschaft und eben auch des Sports. Dies alles geben wir in die richtigen Hände, in saubere Hände. Nämlich in unsere. Zum Wohl der Zukunft, im Namen von FUTURIO.«
Erschrocken hörte Peter zu. Jetzt wurde ihm schlagartig die Bedeutung der Symbole auf den Tasten neben der Tür klar. Jedes Symbol stand für eine dieser sogenannten Divisionen. Jede Division sollte in ihrem Bereich an die Macht. Und alle Divisionen waren zusammengeschlossen in Business World, dem Aktions-Arm von FUTURIO! Nervös krallte Peter seine Hände ineinander. Die Sache hatte eine deutlich größere Dimension, als er und seine Freunde angenommen hatten.
»Ein wichtiges Operationsfeld«, erklärte Burt auf dem Video, »ist unser neues Sporthotel. Hier kommen wir in Kontakt mit vielen erfolgreichen Sportlern und Sportorganisationen.«
»Ja«, ergänzte Toll, »früher haben wir versucht, eigene Vereine aufzubauen. Zum Beispiel die L.A. Strikers. Das Konzept haben wir inzwischen geändert, weil wir damit wenig Erfolg hatten. Jetzt wollen wir aussichtsreiche Vereine und Clubs direkt übernehmen. Zuerst im Fußball, weil er am populärsten ist. Wir brauchen einen europäischen Spitzenclub. Stell dir einmal die Möglichkeiten vor, die sich für uns daraus ergeben: Wir werden im Fernsehen, in den Zeitungen, überhaupt in allen Medien präsent sein. Je stabiler die Situation für uns wird, umso mehr werden wir an die Öffentlichkeit treten. Wir werden mit unserer Trikotwerbung für FUTURIO Millionen von Menschen erreichen und das für unsere Botschaft nutzen. Wir werden im Aktionsfeld Europa Zulauf haben wie nie zuvor, und wir sind mit dabei in einem boomenden Millionengeschäft!«
Alberto hörte die ganze Zeit zu und rutschte unruhig auf sei-

nem Stuhl hin und her. Er gehörte zwar zu FUTURIO – das war jetzt klar – aber offenbar ging ihm die Vorrede gehörig auf die Nerven. Ungeduldig wartete er auf den Punkt, weshalb ihn die beiden zu sich gerufen hatten.
»In den nächsten Tagen ist bei uns ein Spitzen-Club zu Gast«, fuhr Mr Toll fort. »Der 1. FC Borussia aus Deutschland wird hier sein Wintertrainingslager aufschlagen!« Toll machte eine Kunstpause.
Alberto regte sich. »Der 1. FC Borussia? Da spielt doch mein Bruder!«
»Genau darum haben wir dich hergebeten«, antwortete Toll mit einem kühlen Lächeln. »Dein Bruder Julio, du hast ihn jahrelang nicht mehr gesehen.«
Alberto verschränkte die Arme. »Und was soll ich dabei tun?«
»Du weißt, er hängt sehr an dir. Es war schwer genug, ihn damals von uns abzuschütteln. Nun ist die Zeit gekommen, auf ihn zuzugehen. Öffne die Arme. Empfange ihn. Hol ihn in unsere wundervolle Gemeinschaft.« Tolls Stimme wurde wieder schärfer. »Und wenn er da nicht mitspielt, dann bring ihn wenigstens dazu, uns zu helfen den Trainer von Borussia zu entfernen!«

# Foules Spiel

»Ich soll mich plötzlich um meinen Bruder kümmern?«, rief Albert entsetzt. „FUTURIO hat doch von mir verlangt, dass ich ihn nie mehr wieder sehe! Das war mein größtes Opfer für euch! Und nun soll ich einfach zu ihm hingehen, ihm einen guten Tag wünschen und ihn in eure miesen Geschäfte mit reinziehen?«
»Pass auf, was du sagst!«, entgegnete Toll scharf. »Es sind immer noch auch deine Geschäfte, mein Freund. Zum Wohle der Menschheit. Vergiss das nicht!«
»Ich mache mir schon lange meine Gedanken darüber, ob das alles richtig ist, was wir machen.«
»Das wissen wir, mein Freund. Besser als du denkst. Wir haben deinen FUTURIO-Beichtpaten gesprochen.« Alberto sprang auf, doch Toll sprach weiter. »Uns hier zu helfen ist deine letzte Chance. Sonst müssen wir dich leider in das Reinheitszentrum einweisen. Um dich wieder auf den sauberen Pfad zu bringen. Du weißt, was das bedeutet!«
Alberto war wütend. Das sah Peter trotz der ungünstigen Kameraperspektive. »Ihr habt wohl Rückendeckung von ganz oben?« Toll zuckte mit den Schultern und sagte nichts. Alberto atmete durch. »Und, was soll mein Bruder nun genau machen? Den Trainer abmurksen?«
»Aber, aber, das sind doch nun wirklich nicht unsere Methoden!« Toll beugte sich vor. »Ein bisschen anschwärzen, ein paar kleine Lügengeschichten, dies und jenes – Material und Ideen haben wir genug. Julio spielt so eine wichtige Rolle in der Mannschaft und auch für die Medien, dass das hochgehen würde wie eine Bombe.« Tolls Stimme wurde süßlich. »Julio ist so rein, so ehrlich, so unschuldig . . . Man würde ihm alles glauben!«
Burt griff ein. »Und er hat Unterstützung in der Mannschaft.

Strasser, der Mittelfeldspieler, ist einer von uns. Wenn der Trainer abgesägt ist, installieren wir Cortes – du hast von ihm gehört – unseren obersten Psychotrainer. Wenn er mit seinen neuen Trainingskonzepten Erfolg hat, werden uns die Kids in Europa hinterherlaufen wie jetzt ihren dämlichen Popstars.«
Peter spürte, dass Toll und Burt – völlig fasziniert von ihren eigenen Gedanken – die Verfassung Albertos deutlich unterschätzten. Der kochte innerlich. »Und wenn mein Bruder nicht mitmacht?«
»Alberto . . .«, die Stimme Tolls klang herablassend freundlich, » . . . in unser Reinheitszentrum werden wir ihn natürlich nicht stecken können. Aber mitunter soll es ja – so rein zufällig – kleine Unfälle geben. So dass man nicht mehr Fußball spielen kann. Ein paar Monate, ein Jahr, ein Leben lang . . .«
»Ihr Schweine!« Alberto brüllte. »Da mache ich nicht mit!« Er sprang aus dem Bild. »Macht euren Dreck doch alleine!« Burt und Toll schauten sich kurz an. »Verdammt, er haut ab«, rief Toll und setzte sich ebenfalls in Bewegung. Burt folgte ihm.
Danach stand das Bild noch einige Sekunden, dann brach die Aufzeichnung ab. Die Kassette war zu Ende und spulte zurück.
Geschockt starrte Peter auf den dunklen Bildschirm. Nun war ihm alles klar. Alberto war auf der Flucht vor den Mitgliedern der Sekte, der er selbst angehörte. Doch wollte er offenbar aussteigen. Wahrscheinlich hatte er deshalb vorhin versucht, diese Kassette als Beweisstück zu sichern. Und FUTURIO plante, den 1. FC Borussia zu unterwandern. Vielleicht hatte man Julio erpresst, sich gegen den Trainer zu wenden. Aber wahrscheinlich war das gar nicht notwendig gewesen. Ganz geschickt hatte Toll alles inszeniert: Über die Videoanlage hatte er das Gespräch mitgehört, in dem Julio Franke von seiner Vergangenheit erzählte. Das war die Gelegenheit für eine

hinterhältige Falle. Es war also tatsächlich Toll gewesen, der die Katze auf Julios Trikot gesprayt und anschließend die Spraydose in Frankes Zimmer versteckt hat. Kelly war eine nützliche Gehilfin in der scheinbaren Überführung Frankes und Strasser hat zur Absicherung noch einige böse Geschichten unters Volk gestreut. Es hatte alles wunderbar geklappt.
Plötzlich wurde Peter bewusst, wie lange er sich schon im Sicherheitsraum aufhielt. Höchste Zeit zu verschwinden, denn wahrscheinlich kam Toll bald zurück, um nach dem Rechten zu sehen. Peter musste sich die Kassette schnappen und abhauen.
»Mal gucken, ob die Luft rein ist«, murmelte er und drückte ein paar Knöpfe der Videoanlage. Doch im Hotel hatte sich inzwischen einiges getan. In einem der Flure stand ein Posten, der sich suchend umschaute. Er erinnerte Peter an die Männer, die den Schrottplatz bewacht hatten. Peter wechselte die Kameras. Auch der Portier hatte Gesellschaft bekommen. Dann wurde ein Raum sichtbar, in dem sich zwei alte Bildschirmbekannte befanden: Mr Burt und Mr Toll. Sie saßen an einem penibel aufgeräumten Schreibtisch.
»Diese Jungs gehen mir langsam auf die Nerven«, hörte Peter Mr Toll sagen. »Ich habe mit Otchy bei der L.A. Post telefoniert. Wir haben ihn ja gerade bei der Wirtschaftsredaktion untergebracht. Du weißt, einer seiner Kollegen im Lokalen ist der Vater eines dieser Typen. Andrews heißt er.« Burt nickte und hörte weiter zu. »Andrews ist der Vater von diesem Bob, der hier als Journalist auftritt. Der gehört auch zu den Jungs. Ich habe sie bisher nicht ernst genommen. Aber Andrews hat Otchy erzählt, die Jungs seien Detektive und würden sich die drei ??? nennen – oder so ähnlich. Sie haben Andrews bereits beauftragt, sich nach Business World zu erkundigen. Aber Otchy hat ganz clever gesagt, da gäbe es nichts Auffälliges.«
Burt wirkte nervös. »Bob Andrews, und wer sind die anderen?«

»Peter Shaw, den kennen wir als Torschützen aus dem Testspiel, und ein gewisser Justus Jonas, der einen miesen Leserbrief über unsere Organisation in der L.A. Post veröffentlicht hat. Otchy hatte uns sofort darüber informiert.«
Dieser Otchy also hatte Justus so schnell die Bewacher auf den Hals gehetzt, dachte Peter. Ein sehr aufschlussreiches Gespräch!
»Aber es geht noch weiter: Unser neues Zimmermädchen Kelly gehört auch noch zu der Bande! Ich habe es überprüfen lassen«, fuhr Toll fort.
»Verdammt!« Burt rutschte auf seinem Stuhl hin und her. »Schaff sie mir bloß alle aus dem Weg«, raunzte er. »Jetzt, wo wir so weit sind, darf nichts mehr anbrennen!«
»Wir wissen aber leider nicht, wo sich diese Fragezeichen aufhalten. Unsere zwei Aufpasser haben sie aus den Augen verloren.«
Peter grinste. Justus und Bob waren ihnen also wirklich entwischt. Und wenn Toll ahnen würde, wo er, Peter, in diesem Moment steckte, würde ihm sicher der Schweiß ausbrechen.
Burt war über die Informationen seines Mitarbeiters nicht gerade glücklich. »Unglaublich! Ruf sofort ein paar Spezialkräfte herbei. Sie sollen das Gelände bewachen. Diese selbst ernannten Detektive sollen mir nicht alles versauen!«
»Im Hotel sind schon überall Posten aufgestellt. Bis zur Abreise des Teams morgen früh werden diese pubertierenden Jungs nichts mehr anrichten können.«
Pubertierende Jungs, dem werden wir's noch zeigen! Gebannt verfolgte Peter das weitere Gespräch.
»Und Alberto?«
»Den lass ich erst einmal im Wäschereiwagen. Wegfahren kann ich ihn später. Ich geh gleich mal in den Securityroom und schaue nach, ob Alberto dort was angestellt hat. Sicherheitshalber habe ich übrigens einen unserer Männer vor der Tür postiert.«

Peter zuckte zusammen. Jetzt war es an ihm, ins Schwitzen zu geraten.
»Warte noch einen Moment«, hörte er Burt sagen. »Cortes kommt gleich, um die Lage zu besprechen.«
Peter überlegte fieberhaft. Er musste die Kassette als Beweis retten. Und vor allem musste er selbst dringend hier hinaus. Er hatte genug erfahren. Doch an Flucht war angesichts des Postens vor der Tür nicht zu denken. Er schaltete die Kamera aus dem Restaurant ein. Dort saßen die Spieler des 1. FC Borussia beisammen. Ein Mann war gerade aufgestanden und verkündete, dass er zu einer kurzen Besprechung müsste. Das war vermutlich Cortes.
Peter ließ die Kamera eingeschaltet und ging zur Schiebetür. Sie war aus Metall, vollkommen glatt und ohne Handgriff. Er betrachtete sie genauer. Ganz unten in knapp zehn cm Höhe war ein länglicher Metallbolzen eingelassen, der verhindern sollte, dass die Tür beim Öffnen ganz in der Wand verschwand. Das war es, wonach Peter gesucht hatte. Er lief zum nächsten Regal und kehrte mit einem ganzen Arm voll Videokassetten zurück. Eifrig und möglichst leise begann er, sie nebeneinander auf dem Boden aufzustellen. Video an Video, bis der ganze Raum zwischen Metallbolzen und Wand dicht gefüllt war. Da passte kein Blatt Papier mehr zwischen. So einfach würde sich die Tür jetzt nicht mehr öffnen lassen.
Peter lief zur Schalttafel und studierte sie einen Augenblick. Dann schaute er auf den Monitor: Die Situation im Restaurant hatte sich kaum verändert. Cortes war verschwunden und die Spieler saßen mit ihren Getränken herum und diskutierten. Im Hintergrund des Speiseraums bemerkte Peter einen Fernsehschirm, der auch auf seinem Schaltplan verzeichnet war. Peter schaltete wieder zu Toll und Burt um, zu denen sich in der Zwischenzeit wie erwartet Cortes gesellt hatte. Peter hörte, wie dieser berichtete, dass sich die Wogen in der Mannschaft noch nicht geglättet hätten. Doch so interessant sich

dieses Gespräch auch anließ, zum Zuhören hatte Peter jetzt keine Zeit.
»Regie: Peter Shaw«, grinste der Detektiv. »Ich schlage euch mit den eigenen Waffen.« Geschickt stellte er auf der Schalttafel ein paar Verbindungen um und drückte eine Starttaste. Zufrieden sah er, dass auf dem TV-Gerät im Speiseraum ein Bild erschien. Die ersten Spieler drehten sich bereits zu dem Fernseher um.

# Das Spiel ist aus

Peter drehte den Ton lauter. Wenn alles gut ging, war im Restaurant das nun folgende Gespräch deutlich zu hören. Auf dem Bildschirm waren jetzt Burt und Toll zu sehen, wie sie miteinander tuschelten. Gleich musste Alberto die Szene betreten.

Peter hoffte inständig, dass in den nächsten Minuten weder Cortes noch Toll oder Burt in den Speiseraum kamen und das Videoband ungestört über den Fernseher flimmern konnte. Mrs Scull war zum Glück auch nicht zu sehen. Peter wusste sie nicht recht einzuschätzen. Doria lief ab und zu durch den Raum und bediente. Jetzt blieb auch sie stehen und schaute auf den Fernsehmonitor. Sie wandte sich kurz der Kamera zu, durch die Peter den Speiseraum beobachtete. Peter kam es vor, als zwinkerte sie ihm verschwörerisch zu. Er grinste. Noch klappte alles wie am Schnürchen.

»Alberto, wir freuen uns, dass du gekommen bist, um uns, der Division Sport, zu helfen«, wurde Alberto gerade auf dem Video begrüßt. Nur noch wenige Momente, dann wussten die Spieler des 1. FC Borussia alles: Dass der Verein die Maus in der Falle sein sollte, die ihm FUTURIO so geschickt aufgestellt hatte.

Peter kontrollierte den Monitor in Tolls Zimmer. Noch ahnten die drei nichts. Hoffentlich blieb es dabei. Peter starrte auf den Bildschirm. Nervös fasste er sich an die Schulter, die durch den Tritt Albertos noch immer etwas schmerzte. Hätten sie damals nur gewusst, dass sie auf der gleichen Seite waren! Im Restaurant hatten sich inzwischen die Spieler mit ihrem Manager wie eine Traube um den Fernseher versammelt und verfolgten gebannt das Gespräch. Nur Strasser stand etwas abseits und sah sich unruhig um. Dann verließ er unbemerkt den Raum. Einzelne empörte Ausrufe der Spieler waren zu

hören. Gleich würde es in Peters Filmvorführung zum finalen Streit zwischen Toll, Burt und Alberto kommen.
Da betrat Strasser mit Mrs Scull das Restaurant. Peter sah, wie sie einen Moment lang fassungslos auf die Szenerie starrte, die sich vor ihr abspielte. Dann schien sie zu begreifen. Sie drehte sich um und rannte hinaus. Sekunden später stand sie bereits in Tolls Büro. Peter hatte ebenfalls umgeschaltet.
»Oh, Mr Toll, Mr Toll, gut, dass ich Sie so schnell gefunden habe!«
Toll sprang auf. »Aber, Mrs Scull, beruhigen Sie sich doch. Sie sind ja ganz außer sich!«
»Im Restaurant!« Mrs Scull bekam vor Aufregung nur Bruchstücke heraus. »Das Restaurant! Da läuft ein Film mit einem Gespräch. Sie und Mr Burt und einer, den ich nicht kenne. Es geht um den Fußballclub! Dass Sie ihn übernehmen wollen. Die Spieler gucken alle zu! Kommen Sie schnell, Mr Toll!«
Toll und Burt blickten sich an. Cortes war ebenfalls aufgestanden. »Verdammt, da muss jemand im Securityroom sein und an der Anlage spielen!«, rief Burt. »Bestimmt einer dieser dämlichen Jungs!«
»Den schnappe ich mir«, rief Toll und blickte in die Kamera. »Warte nur, Freundchen! Falls du mich über die Kamera siehst, hör mir jetzt genau zu: Dich mache ich fertig!« Er verschwand aus dem Bild. Auch die anderen verließen schnell den Raum.
Peter blickte auf die durch Videokassetten gesicherte Tür. Jetzt war er sich nicht mehr so sicher, dass seine Konstruktion lange halten würde. Hoffentlich kamen Justus und Bob endlich! Es ging um Sekunden!

Bob meldete sie bei der Einlasskontrolle an, während Justus die Fahrräder hielt. »Mr Klinger erwartet uns«, sagte Bob wie besprochen, »Jürg Klinger, der Spieler von Borussia.«

Der Posten blickte misstrauisch auf die Fahrräder. Dann nickte er jedoch und ließ die beiden passieren.

»Na, das ging ja recht glatt«, meinte Bob, als sie auf das Hotelgelände radelten.

»Ich weiß nicht«, entgegnete Justus. »Der Mann hat zum Telefonhörer gegriffen, kaum dass wir durch waren. Außerdem steht hier heute so viel Personal herum.«

Auch Bob ließ den Blick schweifen. »Schau mal, dort drüben«, rief er plötzlich und wies auf den Hoteleingang. »Da muss irgendetwas passiert sein.«

Die Detektive sahen, wie einige Spieler des 1. FC Borussia aus dem Gebäude drängten. Sie schienen irgendjemanden zu suchen. Justus und Bob traten kräftig in die Fahrradpedale. Klinger entdeckte die Detektive und lief ihnen entgegen. »Hi, Bob, du glaubst nicht, was hier abgeht! Wir haben eine Verschwörung aufgedeckt. Vielmehr war es wohl euer Freund Peter«, sagte er, als er zum Stehen kam. »Und du bist wohl Justus? Der Erste Detektiv?«

Justus nickte. »Dann erzählen Sie mal, Herr Klinger«, sagte er betont ruhig.

Klinger berichtete das Vorgefallene in Kurzfassung. »Jetzt suchen wir Burt, Toll und Cortes, um sie zur Rede zu stellen. Aber die sind irgendwie verschwunden«, schloss er.

Justus klopfte Bob auf die Schulter. »Dann lagst du also richtig mit Toll. Nun wird alles klar. Auch dieser Angriff auf dem Campingdach. Irgendetwas daran hat mich ja schon die ganze Zeit gestört. Es war die Stellung der Personen zueinander: Alberto an dem einen Ende des Daches und die zwei Bewacher an dem anderen. Sie haben nicht uns, sondern sich gegenseitig bedroht! Wir spielten in dem Moment überhaupt keine Rolle. Sie wollten Alberto.«

»Aber warum ist er überhaupt zu uns gekommen?«, fragte Bob.

»Wahrscheinlich hat er uns an dem Abend, als er ins Hotel

einbrechen wollte, verfolgt. Und dann wollte er natürlich herausbekommen, was für eine Rolle wir spielen.«
Bob nickte. »Und jetzt ist auch klar, warum er auf so geheimnisvolle Weise ins Hotel eindringen wollte. Vermutlich um seinen Bruder zu warnen.« Bob überlegte weiter. »Oder aber, er wollte diesen Videofilm als Beweisstück an sich bringen, weil er plante, bei FUTURIO auszusteigen. Wahrscheinlich wusste er von der Existenz des Videos.«
»Du machst mir ja schon fast Konkurrenz«, lächelte Justus.
»Genau das dachte ich auch gerade.«
Unruhig trat Klinger, der die ganze Zeit neben ihnen stand, von einem Fuß auf den anderen. Jetzt endlich gelang es ihm, den Gedankenfluss der beiden Detektive zu unterbrechen.
»Habt ihr nicht etwas vergessen?«, fragte er.
»Was denn?«, meinte Justus und blickte Klinger erstaunt an.
»Der Fall ist doch jetzt glasklar.«
»Der Fall schon, aber was ist mit Peter?«
»Peter!«, rief Bob. Zu dritt rannten sie los. Am Hoteleingang stießen sie fast mit Doria zusammen, die gerade um die Ecke kam. Dicht gefolgt von einem unbekannten Mann. Doch Bob war sofort klar, um wen es sich handelte. Die Ähnlichkeit war nicht zu übersehen: Es war Julios Bruder, Alberto DaElba.
»Der Mann von dem Video«, stotterte Klinger.
»Und unser Jaguar«, fügte Justus hinzu. »Endlich mal ohne aufgemalte Fangzähne. Doria hat Sie enttarnt?«
Doria schüttelte den Kopf. »Ich habe ihn nur befreit. Toll hatte ihn in den Wäschewagen gesperrt. Und als ich vorhin das Video gesehen habe . . .«
Justus unterbrach sie. »Wie hast du Alberto da herausgeholt? Gezaubert?«
»Nein, großer Detektiv«, sagte Doria und zog einen Schlüsselbund hervor. »Ich bin Zimmermädchen. Zimmermädchen hat Schlüssel.« Sie grinste verschmitzt und klimperte mit den Schlüsseln vor Justus' Nase herum.

»Und wo ist Peter?«, rief Bob dazwischen. Das Spielchen zwischen Justus und Doria interessierte ihn jetzt wenig.
»Peter?« Doria sah ihn erschrocken an. »Der muss noch im Securityroom sein. Kommt, ich zeige euch den Weg.« Sie steckte die Schlüssel ein und rannte los. Die anderen folgten. Bob und Doria liefen als erste die Kellertreppen hinunter. Doch vor der Stahltür angelangt, wichen sie erschrocken zurück. Die Tür war mit Gewalt aufgebrochen worden. Unter starkem Druck war sie aus ihrer Laufschiene geflogen und lehnte nun schräg an der Mauer. Zögernd betraten Bob und Doria den Raum. Videokassetten lagen verstreut auf dem Boden herum. Ein Regal war umgekippt. »Hier muss ein Kampf stattgefunden haben«, sagte Bob zu Justus, der gerade hinzugekommen war. »Sieht so aus, als ob Toll Peter überwältigt hat.«
Alberto betrat nun ebenfalls den Raum und ging zielstrebig zum Papierkorb. »Hier hatte ich die Kassette hineingeworfen, als Toll mich überraschte. Ich wollte sie als Beweisstück mitnehmen. Wahrscheinlich hat euer Freund sie hier gefunden und dann auf den Monitor im Restaurant gespielt.« Er blickte sich um. »Jetzt ist sie jedenfalls weg!«
»Alberto, woher wussten Sie, dass das Video hier aufbewahrt wurde?«, fragte Justus.
»Alle Divisionen unserer Organisation haben die gleichen Ziele und die gleichen Grundregeln. Egal, ob bei mir in der Division Wirtschaft oder hier beim Sport, wir heben das wichtige Material zu den laufenden Aktionen immer im Securityroom auf.«
»Dann kennen Sie die Organisation also ziemlich gut!«
»Klar, ich bin ja lange genug dabei. Trotzdem hat es mich ziemlich überrascht, dass die hier einen Bewegungsmelder installiert haben.«
Justus lächelte knapp. »Uns auch, Alberto. Und ganz besonders Peter. Aber wo steckt er bloß? Allzu lange kann es nicht

her sein, dass Toll Peter hier aufgespürt hat. Aber entgegengekommen sind sie uns auch nicht.«
Doria gab ihm Recht. »Ich glaube nicht, dass Toll mit Peter unbemerkt durchs Hotel verschwinden konnte. Es gleicht doch im Moment einem Ameisenhaufen. Überall laufen die Spieler herum und suchen Toll.«
»Richtig!« Justus zupfte an seiner Unterlippe. »Alberto, Sie kennen sich doch aus bei FUTURIO. Gibt es noch eine andere Möglichkeit?«
»Hm... Aber ja! Jeder Securityroom hat einen Geheimgang! Nur weiß ich leider nicht genau, wo der hier ist.«
Fieberhaft begann die Gruppe mit der Suche. Schon nach wenigen Momenten stieß Bob einen Schrei aus. »Schaut mal!«
Justus sprang herbei. Bob zeigte auf einen dünnen Kreidestrich, der scheinbar in der Wand verschwand. Justus legte sich auf den Bauch. Tatsächlich: Eine schmale Ritze deutete auf eine Tür in der Wand hin. »Peter hat uns ein Zeichen hinterlassen!«
»Der Mechanismus steckt vermutlich im Business-World-Symbol«, sagte Alberto. Er drückte verschiedene Kombinationen. Auf einmal wurde in der Wand ein Surren hörbar. Durch die Tür ging ein leichter Ruck, doch sie öffnete sich nicht.
»Das Mistding klemmt«, sagte Bob, der die Wand abtastete.
»Oh, nein«, rief Doria. »Auch das noch! Wer weiß, wo Toll Peter hinschleppt.«
»Vermutlich in die Reinheitsklinik«, antwortete Alberto. »Da werden Abtrünnige umerzogen. Und wer da erst einmal drin ist, kommt so schnell nicht wieder heraus.«
Justus mahnte zur Ruhe. »Keine Panik, das führt uns nicht weiter. Denken wir lieber noch mal nach. Was wäre für diesen Geheimgang ein sinnvolles Ziel?« Er sah Bob an. Sein Blick fiel auf Bobs Hände.

Bob schaute ebenfalls zu seinen Händen hinunter. Er grinste. »Ich weiß, woran du denkst, Erster Detektiv. Also los!«
»Uns nach«, rief Justus und stürmte den Kellergang entlang.

Bob rannte über das Fußballfeld. Alberto und Klinger hielten sich neben ihm. Dann folgte Doria. Justus schnaufte hinterher. Bob riss die Tür des Umkleidegebäudes auf und lief direkt in den zweiten Raum. Nun war ihm klar, wie Toll während des Fußballspiels unbemerkt in die Umkleideräume gelangen konnte, um Julios Trikot zu besprayen.
Sie kamen gerade rechtzeitig. Toll war dabei, Peter aus dem Geheimgang zu zerren, der – wie Bob schon vermutet hatte – in einem der Spinde endete. Peters Augen und Mund waren verbunden, seine Hände gefesselt.
Justus traf als Letzter ein, ergriff aber als Erster das Wort. »Toll, das Spiel ist aus«, keuchte er. »Lassen Sie Peter los. Es hat keinen Sinn mehr! Burt und Cortes sind längst geflohen.«
Toll starrte sie fassungslos an. Vor allem die Anwesenheit Albertos überraschte ihn sichtlich.
Dieser grinste. »Mr Toll, es freut mich sehr, dass wir uns so schnell wieder sehen. Vor allem freuen mich die Umstände.« Er trat einen Schritt vor. Da drehte Toll sich gewandt um, sprang in den Spind und verschloss die Tür von innen. Während Justus und Alberto sie wütend bearbeiteten, machten sich Doria und Bob an die Befreiung Peters.
»Der arme Peter«, murmelte Doria, während sie ihm mit feinfühliger Hand Mund- und Augenverband abzog.
Peter streckte sich. »Danke«, sagte er und lächelte. Dann blickte er sich um. »Schön, euch alle zu sehen. Toll war vollkommen ausgeklinkt. Ich weiß nicht, was dieser Verrückte mit mir noch alles angestellt hätte.« Peter setzte sich auf. »Aber mit dem Video hat alles geklappt?«
»Ja, super«, sagte Bob. »Alle wissen Bescheid. Die Pläne von FUTURIO sind gescheitert. Gratuliere!«

»Es wird schwierig sein, Toll strafrechtlich zu verfolgen«, meinte Justus, der von der Tür abließ. »Am eindeutigsten ist noch die Entführung von Peter.«
»Aber dafür sitzt er jetzt in der Falle«, sagte Doria. »Zumindest, wenn die andere Tür noch klemmt!«

# Go, Bob, go!

Kuhn ließ den Ball ein paar Mal aufspringen und warf ihn dann zurück zu Peter. »Los, einen noch!« Er stellte sich zwischen die Pfosten des Tores und wartete auf Peters Schuss. Dieser lief an und schoss, doch der Ball klatschte an die Querlatte.
Julio und Alberto lachten. Bob fand es herrlich, den beiden Brüdern zuzuschauen. Eine lange Trennung hatte ihr Happyend gefunden, das sah man. »Warum hast du eigentlich dauernd diese Jaguarmaske getragen?«, fragte er Alberto.
»Zum einen natürlich, damit FUTURIO mich nicht so leicht erkennen konnte«, antwortete der Brasilianer. »Aber fast noch wichtiger war, dass es für mich eine Art Zeichen ist.« Julio war hinzugetreten und hörte mit. »Ein Zeichen dafür, dass ich wieder an meine Vergangenheit anknüpfen wollte. Ich habe bei FUTURIO meinen ganzen persönlichen Besitz aufgegeben. Die Maske war das Einzige, was ich all die Jahre hindurch aufbewahrt habe. Sie machte mir Mut.« Alberto wandte sich seinem Bruder zu. »Deshalb habe ich dir die Maske ins Zimmer gelegt. Ich bin wieder da. Du hast es ja verstanden.« Julio nickte.
»Na, jetzt ist das zum Glück alles vorbei«, sagte Bob. »Heute Nachmittag plant mein Vater mit dir ein längeres Interview für die L.A. Post, und Krautbauer, diesen deutschen Journalist, habe ich auch bereits informiert. Die Geschichte wird in Deutschland für einen solchen Knalleffekt sorgen, dass FUTURIO erst einmal weg vom Fenster ist.«
Alberto nickte. »Das glaube ich auch. Allerdings wird der Nachweis, dass die gesamte Organisation dahinter steckt, nicht so einfach zu führen sein. Toll sitzt zwar auf der Polizeiwache, aber er hat das Videoband irgendwie verschwinden lassen. FUTURIO ließ bereits verlautbaren, dass Burt und Toll auf eigene Faust gehandelt haben. Es wird endlose juristische Streitigkeiten geben. Für FUTURIO arbeiten sehr gute

Rechtsanwälte. Und FUTURIO sitzt schon an vielen Stellen. Das hat ja nicht zuletzt dein Vater erlebt mit seinem neuen Kollegen Otchy.« Bob nickte nachdenklich. »Und du, Alberto? Was machst du?«
»Mich werden sie jagen, mit allen legalen und illegalen Mitteln. Ein Top-Aussteiger weiß zu viel. Eine Weile werde ich abtauchen müssen. Aber ich glaube, das stehe ich durch.«
Franke kam hinzu. Auch er strahlte, seit er wieder rehabilitiert und als Trainer eingestellt worden war. »Genug geübt«, rief er und klatschte in die Hände. »Auf geht's zum Elfmeterschießen.«
Es sollte der Höhepunkt des Vormittags werden. Die drei Detektive und ihre Freundinnen hatten sich mit Franke, Klinger, Julio und Alberto auf dem bestens ausgestatteten Schulsportgelände getroffen. Später wollte auch noch Doria vorbeischauen. Franke hatte den Torwart von Borussia mitgebracht, um das von Julio als Belohnung für die Klärung des Falles versprochene Elfmetertraining abzuhalten.
Zum Abschluss hatte sich Franke noch eine Überraschung ausgedacht. »Ein Strafstoß-Duell: DETEKTIVE gegen BORUSSIA. Die DETEKTIVE natürlich mit Unterstützung«, fügte er mit einem Blick auf Elizabeth, Lys und Kelly hinzu. Die Detektive waren begeistert und auch die Mädchen stimmten ein. »Klar, unsere Freundinnen spielen bei uns mit«, sagte Bob. »Gibt's denn einen Preis?«
Franke griff in seine Tasche. »Ich habe fünf Karten für das große Open-Air-Konzert heute Abend organisiert.«
»Und die Spielregeln?«, wollte Justus von Franke wissen.
»Kuhn ist unser neutraler Torwart. Ansonsten wie bei großen Tunieren üblich: Fünf gegen fünf, wenn dann Gleichstand ist, geht es so lange weiter, bis ein Spieler verwandelt und ein anderer verschießt.«
»Im Moment sind wir aber sechs gegen vier«, gab Justus zu bedenken.

»Peter darf bei uns mitmachen«, meinte Julio. »Er hat mit seinem mutigen Einsatz alles aufgedeckt.« Franke war einverstanden.

Stolz wechselte Peter hinüber zu BORUSSIA. Lauter Profis und er, das war ganz klar die Siegertruppe. Auch Alberto hatte beim Training ordentlich geschossen. Da waren die Festivalkarten schon so gut wie sicher. Dagegen Justus, Bob und die Mädchen: Ohne ihn war das nun wirklich ein Kampf von Notstand gegen Luxus. »Sorry für euch«, grinste Peter.

»Wir schaffen es trotzdem«, rief Kelly munter.

»Fangt endlich an!« Kuhn war ungeduldig. Auch er wollte zeigen, was ein guter Torwart kann.

Als Erster legte sich Julio den Ball zurecht, lief an, verzögerte kurz, ließ Kuhn in die falsche Ecke fliegen und schob platziert ein.

»Deine Tricks bekomme ich nie raus«, schimpfte Kuhn und kickte den Ball zurück.

Jetzt war Justus für die DETEKTIVE an der Reihe. Kuhn starrte ihm in die Augen, um ihn zu verunsichern. Doch Justus stellte seinen Blick auf Durchzug, schritt zurück, nahm einen langen Anlauf und hielt einfach drauf. Kuhn war dran, doch der Schuss kam zu hart: 1:1.

»Puh!« Justus atmete durch und die Mädchen jubelten.

»Klasse, Erster Detektiv«, lobte Bob. »Da hast du dein ganzes Körpergewicht in den Schuss gelegt!«

Franke schnappte sich das Leder. Kurzer Anlauf, der Schuss genau in die Mitte, doch Kuhn blieb einfach stehen und parierte. »Mit mir nicht, Trainer«, rief er. Franke wandte sich kopfschüttelnd ab.

Die große Chance für Lys, die DETEKTIVE in Führung zu bringen. Doch der Torwart wartete den Schuss ruhig ab und hielt sicher. Justus legte Lys tröstend den Arm um die Schulter. »Noch ist alles drin«, meinte er.

Dann verwandelten Klinger und Elizabeth. Auch Alberto traf sicher zum 3:2 für BORUSSIA. Kelly musste jetzt ausgleichen. Sonst wurde es für die DETEKTIVE knapp. Sie lief an und schoss scharf am verdutzt dreinschauenden Kuhn vorbei ins rechte Eck. Jubelnd sprang sie in die Luft. »3:3!« Triumphierend blickte sie zu Peter hinüber.
Nun waren nur noch Peter für BORUSSIA und Bob für die DETEKTIVE an der Reihe. Wenn jetzt einer verschoss, war es nicht mehr gutzumachen.
Peter schnappte sich den Ball. Der muss einfach drin sein, dachte er, Bob vermasselt es bestimmt. Dass Kelly so cool verwandelt hatte, ärgerte ihn noch, als er bereits anlief. Peter zog ab, Kuhn warf sich ins bedrohte Eck und Peter sah mit Schrecken, wie der Torwart mit den Fingerspitzen seiner linken Hand den Ball außen am Pfosten vorbeirutschen ließ.
Peter trat vor Wut in den Rasen. Kuhn rieb sich die Hände. »War mir klar, dass du in diese Ecke schießt. Da hast du ja schon im Spiel gegen mich getroffen«, rief er. »So sorry!«
Mit verbissener Miene ging Peter zurück. Julio tröstete ihn. »Kann dem besten Spieler passieren.«
Wenn Bob jetzt trifft, ist die Blamage perfekt, dachte Peter. Bob, bitte verschieß, sonst kann ich mir diese Geschichte bis an mein Lebensende anhören.
Bob nahm den Ball und grinste. Es war nicht schwer, Peters Gedanken zu erraten. »Justus, pack schon mal die Decken fürs Musikfestival ein«, rief er. »Zu schade, dass Peter nicht mit dabei sein kann.«
»Aber so ist Fußball!«, zitierte Justus einen Lieblingsspruch von Peter.
»Go, Bob, go, Bob!« Lautstark feuerten die Mädchen ihren letzten Schützen an.
Nervös sah Peter zu, wie sich Bob in aller Seelenruhe den Ball zurechtlegte, einige Schritte rückwärts ging und dann anlief.